I0825867

LES

CONTEMPLATIONS

PARIS. — IMPRIMERIE DE J. CLAYE
RUE SAINT-BENOIT, 7

LES

CONTEMPLATIONS

PAR

VICTOR HUGO

TOME I

Autrefois

1830—1843

DEUXIÈME ÉDITION

PARIS

MICHEL LÉVY FRÈRES — J. HETZEL — PAGNERRE

ÉDITEURS

1856

Si un auteur pouvait avoir quelque droit d'influer sur la disposition d'esprit des lecteurs qui ouvrent son livre, l'auteur des *Contemplations* se bornerait à dire ceci : Ce livre doit être lu comme on lirait le livre d'un mort.

Vingt-cinq années sont dans ces deux volumes. *Grande mortalis ævi spatium.* L'auteur a laissé, pour ainsi dire, ce livre se faire en lui. La vie, en filtrant goutte à goutte à travers les événements et les souffrances, l'a déposé dans son cœur. Ceux qui s'y pencheront retrouveront leur propre image dans cette eau profonde et triste, qui s'est lentement amassée là, au fond d'une âme.

Qu'est-ce que les *Contemplations?* C'est ce qu'on pourrait appeler, si le mot n'avait quelque prétention, *les Mémoires d'une âme.*

Ce sont, en effet, toutes les impressions, tous les souvenirs, toutes les réalités, tous les fantômes vagues, riants ou funèbres, que peut contenir une conscience, revenus et rappelés, rayon à rayon, soupir à soupir, et mêlés dans la même nuée sombre. C'est l'existence humaine sortant de l'énigme du berceau et aboutissant à l'énigme du cercueil; c'est un esprit qui marche de lueur en lueur en laissant derrière lui la jeunesse, l'amour, l'illusion, le combat, le désespoir, et qui s'arrête éperdu « au bord de l'infini ». Cela commence par un sourire, continue par un sanglot, et finit par un bruit du clairon de l'abîme.

Une destinée est écrite là jour à jour.

Est-ce donc la vie d'un homme? Oui, et la vie des autres

hommes aussi. Nul de nous n'a l'honneur d'avoir une vie qui soit à lui. Ma vie est la vôtre, votre vie est la mienne, vous vivez ce que je vis; la destinée est une. Prenez donc ce miroir, et regardez-vous-y. On se plaint quelquefois des écrivains qui disent moi. Parlez-nous de nous, leur crie-t-on. Hélas! quand je vous parle de moi, je vous parle de vous. Comment ne le sentez-vous pas? Ah! insensé, qui crois que je ne suis pas toi!

Ce livre contient, nous le répétons, autant l'individualité du lecteur que celle de l'auteur. *Homo sum.* Traverser le tumulte, la rumeur, le rêve, la lutte, le plaisir, le travail, la douleur, le silence; se reposer dans le sacrifice, et, là, contempler Dieu; commencer à Foule et finir à Solitude, n'est-ce pas, les proportions individuelles réservées, l'histoire de tous?

On ne s'étonnera donc pas de voir, nuance à nuance, ces deux volumes s'assombrir pour arriver, cependant, à l'azur d'une vie meilleure. La joie, cette fleur rapide de la jeunesse, s'effeuille page à page dans le tome premier, qui est l'espérance, et disparaît dans le tome second, qui est le deuil. Quel deuil? Le vrai, l'unique: la mort; la perte des êtres chers.

Nous venons de le dire, c'est une âme qui se raconte dans ces deux volumes: *Autrefois*, *Aujourd'hui*. Un abîme les sépare, le tombeau.

V. H.

Guernesey, mars 1856.

LES

CONTEMPLATIONS

Un jour je vis, debout au bord des flots mouvants,
Passer, gonflant ses voiles,
Un rapide navire enveloppé de vents,
De vagues et d'étoiles ;

Et j'entendis, penché sur l'abîme des cieux,
Que l'autre abîme touche,

Me parler à l'oreille une voix dont mes yeux
Ne voyaient pas la bouche :

« Poëte, tu fais bien! Poëte au triste front,
Tu rêves près des ondes,
Et tu tires des mers bien des choses qui sont
Sous les vagues profondes!

La mer, c'est le Seigneur, que, misère ou bonheur,
Tout destin montre et nomme;
Le vent, c'est le Seigneur; l'astre, c'est le Seigneur;
Le navire, c'est l'homme. »

Juin 1839.

LIVRE PREMIER

AURORE

I

A MA FILLE

O mon enfant, tu vois, je me soumets.
Fais comme moi : vis du monde éloignée ;
Heureuse? non ; triomphante? jamais.
— Résignée ! —

Sois bonne et douce, et lève un front pieux.
Comme le jour dans les cieux met sa flamme,
Toi, mon enfant, dans l'azur de tes yeux
Mets ton âme !

Nul n'est heureux et nul n'est triomphant.
L'heure est pour tous une chose incomplète ;
L'heure est une ombre, et notre vie, enfant,
En est faite.

Oui, de leur sort tous les hommes sont las.
Pour être heureux, à tous, — destin morose ! —
Tout a manqué. Tout, c'est-à-dire, hélas !
Peu de chose.

Ce peu de choses est ce que, pour sa part,
Dans l'univers chacun cherche et désire :
Un mot, un nom, un peu d'or, un regard,
Un sourire !

La gaîté manque au grand roi sans amours;
La goutte d'eau manque au désert immense.
L'homme est un puits où le vide toujours
Recommence.

Vois ces penseurs que nous divinisons,
Vois ces héros dont les fronts nous dominent,
Noms dont toujours nos sombres horizons
S'illuminent !

Après avoir, comme fait un flambeau,
Ébloui tout de leurs rayons sans nombre,

Ils sont allés chercher dans le tombeau
Un peu d'ombre.

Le ciel, qui sait nos maux et nos douleurs,
Prend en pitié nos jours vains et sonores.
Chaque matin, il baigne de ses pleurs
Nos aurores.

Dieu nous éclaire, à chacun de nos pas,
Sur ce qu'il est et sur ce que nous sommes ;
Une loi sort des choses d'ici-bas,
Et des hommes !

Cette loi sainte, il faut s'y conformer.
Et la voici, toute âme y peut atteindre :
Ne rien haïr, mon enfant ; tout aimer,
Ou tout plaindre !

Paris, octobre 1842.

II

Le poëte s'en va dans les champs ; il admire,
Il adore ; il écoute en lui-même une lyre ;
Et, le voyant venir, les fleurs, toutes les fleurs,
Celles qui des rubis font pâlir les couleurs,
Celles qui des paons même éclipseraient les queues,
Les petites fleurs d'or, les petites fleurs bleues,
Prennent, pour l'accueillir agitant leurs bouquets,
De petits airs penchés ou de grands airs coquets,
Et, familièrement, car cela sied aux belles :
« Tiens ! c'est notre amoureux qui passe ! » disent-elles.

Et, pleins de jour et d'ombre et de confuses voix,
Les grands arbres profonds qui vivent dans les bois,
Tous ces vieillards, les ifs, les tilleuls, les érables,
Les saules tout ridés, les chênes vénérables,
L'orme au branchage noir, de mousse appesanti,
Comme les ulémas quand paraît le muphti,
Lui font de grands saluts et courbent jusqu'à terre
Leurs têtes de feuillée et leurs barbes de lierre,
Contemplent de son front la sereine lueur,
Et murmurent tout bas : C'est lui ! c'est le rêveur !

Les Roches, juin 1831.

III

MES DEUX FILLES

Dans le frais clair-obscur du soir charmant qui tombe,
L'une pareille au cygne et l'autre à la colombe,
Belles, et toutes deux joyeuses, ô douceur !
Voyez, la grande sœur et la petite sœur
Sont assises au seuil du jardin, et sur elles
Un bouquet d'œillets blancs aux longues tiges frêles,
Dans une urne de marbre agité par le vent,
Se penche, et les regarde, immobile et vivant,
Et frissonne dans l'ombre, et semble, au bord du vase,
Un vol de papillons arrêté dans l'extase.

La Terrasse, près Enghien, juin 1842.

IV

Le firmament est plein de la vaste clarté;
Tout est joie, innocence, espoir, bonheur, bonté.
Le beau lac brille au fond du vallon qui le mure;
Le champ sera fécond, la vigne sera mûre;
Tout regorge de sève et de vie et de bruit,
De rameaux verts, d'azur frissonnant, d'eau qui luit,
Et de petits oiseaux qui se cherchent querelle.
Qu'a donc le papillon? qu'a donc la sauterelle?

La sauterelle a l'herbe, et le papillon l'air;
Et tous deux ont avril, qui rit dans le ciel clair.
Un refrain joyeux sort de la nature entière;
Chanson qui doucement monte et devient prière.
Le poussin court, l'enfant joue et danse, l'agneau
Saute, et, laissant tomber goutte à goutte son eau,
Le vieux antre, attendri, pleure comme un visage;
Le vent lit à quelqu'un d'invisible un passage
Du poëme inouï de la création;
L'oiseau parle au parfum; la fleur parle au rayon;
Les pins sur les étangs dressent leur verte ombelle;
Les nids ont chaud; l'azur trouve la terre belle,
Onde et sphère, à la fois tous les climats flottants;
Ici l'automne, ici l'été; là le printemps.
O coteaux! ô sillons! souffles, soupirs, haleines!
L'hosanna des forêts, des fleuves et des plaines,
S'élève gravement vers Dieu, père du jour;
Et toutes les blancheurs sont des strophes d'amour;
Le cygne dit : Lumière! et le lys dit : Clémence!
Le ciel s'ouvre à ce chant comme une oreille immense.
Le soir vient; et le globe à son tour s'éblouit,
Devient un œil énorme et regarde la nuit;
Il savoure, éperdu, l'immensité sacrée,
La contemplation du splendide empyrée,
Les nuages de crêpe et d'argent, le zénith,
Qui, formidable, brille et flamboie et bénit,
Les constellations, ces hydres étoilées,
Les effluves du sombre et du profond, mêlées

A vos effusions, astres de diamant,
Et toute l'ombre avec tout le rayonnement!
L'infini tout entier d'extase se soulève.
Et, pendant ce temps-là, Satan, l'envieux, rêve.

La Terrasse, avril 1840.

V

A ANDRÉ CHÉNIER

Oui, mon vers croit pouvoir, sans se mésallier,
Prendre à la prose un peu de son air familier.
André, c'est vrai, je ris quelquefois sur la lyre.
Voici pourquoi. Tout jeune encor, tâchant de lire
Dans le livre effrayant des forêts et des eaux,
J'habitais un parc sombre où jasaient des oiseaux,
Où des pleurs souriaient dans l'œil bleu des pervenches;
Un jour que je songeais seul au milieu des branches,
Un bouvreuil qui faisait le feuilleton du bois
M'a dit : « Il faut marcher à terre quelquefois.

« La nature est un peu moqueuse autour des hommes;
« O poëte, tes chants, ou ce qu'ainsi tu nommes,
« Lui ressembleraient mieux si tu les dégonflais.
« Les bois ont des soupirs, mais ils ont des sifflets.
« L'azur luit, quand parfois la gaîté le déchire;
« L'Olympe reste grand en éclatant de rire;
« Ne crois pas que l'esprit du poëte descend
« Lorsque entre deux grands vers un mot passe en dansant.
« Ce n'est pas un pleureur que le vent en démence;
« Le flot profond n'est pas un chanteur de romance;
« Et la nature, au fond des siècles et des nuits,
« Accouplant Rabelais à Dante plein d'ennuis,
« Et l'Ugolin sinistre au Grandgousier difforme,
« Près de l'immense deuil montre le rire énorme. »

Les Roches, juillet 1830.

VI

LA VIE AUX CHAMPS

Le soir, à la campagne, on sort, on se promène,
Le pauvre dans son champ, le riche en son domaine ;
Moi, je vais devant moi ; le poëte en tout lieu
Se sent chez lui, sentant qu'il est partout chez Dieu.
Je vais volontiers seul. Je médite ou j'écoute.
Pourtant, si quelqu'un veut m'accompagner en route,

J'accepte. Chacun a quelque chose en l'esprit;
Et tout homme est un livre où Dieu lui-même écrit.
Chaque fois qu'en mes mains un de ces livres tombe,
Volume où vit une âme et que scelle la tombe,
J'y lis.

Chaque soir donc, je m'en vais, j'ai congé,
Je sors. J'entre en passant chez des amis que j'ai.
On prend le frais, au fond du jardin, en famille.
Le serein mouille un peu les bancs sous la charmille;
N'importe : je m'assieds, et je ne sais pourquoi
Tous les petits enfants viennent autour de moi.
Dès que je suis assis, les voilà tous qui viennent.
C'est qu'ils savent que j'ai leurs goûts; ils se souviennent
Que j'aime comme eux l'air, les fleurs, les papillons
Et les bêtes qu'on voit courir dans les sillons.
Ils savent que je suis un homme qui les aime,
Un être auprès duquel on peut jouer, et même
Crier, faire du bruit, parler à haute voix;
Que je riais comme eux et plus qu'eux autrefois,
Et qu'aujourd'hui, sitôt qu'à leurs ébats j'assiste,
Je leur souris encor, bien que je sois plus triste;
Ils disent, doux amis, que je ne sais jamais
Me fâcher; qu'on s'amuse avec moi; que je fais
Des choses en carton, des dessins à la plume;
Que je raconte, à l'heure où la lampe s'allume,
Oh! des contes charmants qui vous font peur la nuit;
Et qu'enfin je suis doux, pas fier et fort instruit.

Aussi, dès qu'on m'a vu : « Le voilà ! » tous accourent.
Ils quittent jeux, cerceaux et balles ; ils m'entourent
Avec leurs beaux grands yeux d'enfants, sans peur, sans fiel,
Qui semblent toujours bleus, tant on y voit le ciel !

Les petits — quand on est petit, on est très-brave —
Grimpent sur mes genoux ; les grands ont un air grave ;
Ils m'apportent des nids de merles qu'ils ont pris,
Des albums, des crayons qui viennent de Paris ;
On me consulte, on a cent choses à me dire,
On parle, on cause, on rit surtout ; — j'aime le rire,
Non le rire ironique aux sarcasmes moqueurs,
Mais le doux rire honnête ouvrant bouches et cœurs,
Qui montre en même temps des âmes et des perles. —

J'admire les crayons, l'album, les nids de merles ;
Et quelquefois on dit quand j'ai bien admiré :
« Il est du même avis que monsieur le curé. »
Puis, lorsqu'ils ont jasé tous ensemble à leur aise,
Ils font soudain, les grands s'appuyant à ma chaise,
Et les petits toujours groupés sur mes genoux,
Un silence, et cela veut dire : « Parle-nous. »

Je leur parle de tout. Mes discours en eux sèment
Ou l'idée ou le fait. Comme ils m'aiment, ils aiment
Tout ce que je leur dis. Je leur montre du doigt
Le ciel, Dieu qui s'y cache, et l'astre qu'on y voit.

Tout, jusqu'à leur regard, m'écoute. Je dis comme
Il faut penser, rêver, chercher. Dieu bénit l'homme,
Non pour avoir trouvé, mais pour avoir cherché.
Je dis : Donnez l'aumône au pauvre humble et penché ;
Recevez doucement la leçon ou le blâme.
Donner et recevoir, c'est faire vivre l'âme !
Je leur conte la vie, et que, dans nos douleurs,
Il faut que la bonté soit au fond de nos pleurs,
Et que, dans nos bonheurs, et que, dans nos délires,
Il faut que la bonté soit au fond de nos rires ;
Qu'être bon, c'est bien vivre, et que l'adversité
Peut tout chasser d'une âme, excepté la bonté ;
Et qu'ainsi les méchants, dans leur haine profonde,
Ont tort d'accuser Dieu. Grand Dieu ! nul homme au monde
N'a droit, en choisissant sa route, en y marchant,
De dire que c'est toi qui l'as rendu méchant ;
Car le méchant, Seigneur, ne t'est pas nécessaire !

Je leur raconte aussi l'histoire ; la misère
Du peuple juif, maudit qu'il faut enfin bénir ;
La Grèce, rayonnant jusque dans l'avenir ;
Rome ; l'antique Égypte et ses plaines sans ombre,
Et tout ce qu'on y voit de sinistre et de sombre.
Lieux effrayants ! tout meurt ; le bruit humain finit.
Tous ces démons taillés dans des blocs de granit,
Olympe monstrueux des époques obscures,
Les Sphinx, les Anubis, les Ammons, les Mercures,
Sont assis au désert depuis quatre mille ans ;

Autour d'eux le vent souffle, et les sables brûlants
Montent comme une mer d'où sort leur tête énorme ;
La pierre mutilée a gardé quelque forme
De statue ou de spectre, et rappelle d'abord
Les plis que fait un drap sur la face d'un mort ;
On y distingue encor le front, le nez, la bouche,
Les yeux, je ne sais quoi d'horrible et de farouche
Qui regarde et qui vit, masque vague et hideux.
Le voyageur de nuit, qui passe à côté d'eux,
S'épouvante, et croit voir, aux lueurs des étoiles,
Des géants enchaînés et muets sous des voiles.

La Terrasse, août 1840.

VII

RÉPONSE

A UN ACTE D'ACCUSATION

Donc, c'est moi qui suis l'ogre et le bouc émissaire.
Dans ce chaos du siècle où votre cœur se serre,
J'ai foulé le bon goût et l'ancien vers françois
Sous mes pieds, et, hideux, j'ai dit à l'ombre : « Sois ! »
Et l'ombre fut. — Voilà votre réquisitoire.
Langue, tragédie, art, dogmes, conservatoire,

Toute cette clarté s'est éteinte, et je suis
Le responsable, et j'ai vidé l'urne des nuits.
De la chute de tout je suis la pioche inepte;
C'est votre point de vue. Eh bien, soit, je l'accepte;
C'est moi que votre prose en colère a choisi;
Vous me criez : Racca; moi, je vous dis : Merci!
Cette marche du temps, qui ne sort d'une église
Que pour entrer dans l'autre, et qui se civilise;
Ces grandes questions d'art et de liberté,
Voyons-les, j'y consens, par le moindre côté,
Et par le petit bout de la lorgnette. En somme,
J'en conviens, oui, je suis cet abominable homme;
Et, quoique, en vérité, je pense avoir commis
D'autres crimes encor que vous avez omis,
Avoir un peu touché les questions obscures,
Avoir sondé les maux, avoir cherché les cures,
De la vieille ânerie insulté les vieux bâts,
Secoué le passé du haut jusques en bas,
Et saccagé le fond tout autant que la forme,
Je me borne à ceci : je suis ce monstre énorme,
Je suis le démagogue horrible et débordé,
Et le dévastateur du vieil A B C D;
Causons.

Quand je sortis du collége, du thème,
Des vers latins, farouche, espèce d'enfant blême
Et grave, au front penchant, aux membres appauvris;
Quand, tâchant de comprendre et de juger, j'ouvris

Les yeux sur la nature et sur l'art, l'idiome,
Peuple et noblesse, était l'image du royaume ;
La poésie était la monarchie ; un mot
Était un duc et pair, ou n'était qu'un grimaud ;
Les syllabes, pas plus que Paris et que Londre,
Ne se mêlaient ; ainsi marchent sans se confondre
Piétons et cavaliers traversant le pont Neuf ;
La langue était l'État avant quatre-vingt-neuf ;
Les mots, bien ou mal nés, vivaient parqués en castes ;
Les uns, nobles, hantant les Phèdres, les Jocastes,
Les Méropes, ayant le décorum pour loi,
Et montant à Versaille aux carrosses du roi ;
Les autres, tas de gueux, drôles patibulaires,
Habitant les patois ; quelques-uns aux galères
Dans l'argot ; dévoués à tous les genres bas,
Déchirés en haillons dans les halles ; sans bas,
Sans perruque ; créés pour la prose et la farce ;
Populace du style au fond de l'ombre éparse ;
Vilains, rustres, croquants, que Vaugelas leur chef
Dans le bagne Lexique avait marqués d'une F ;
N'exprimant que la vie abjecte et familière,
Vils, dégradés, flétris, bourgeois, bons pour Molière.
Racine regardait ces marauds de travers ;
Si Corneille en trouvait un blotti dans son vers,
Il le gardait, trop grand pour dire : Qu'il s'en aille ;
Et Voltaire criait : Corneille s'encanaille !
Le bonhomme Corneille, humble, se tenait coi.
Alors, brigand, je vins ; je m'écriai : Pourquoi

Ceux-ci toujours devant, ceux-là toujours derrière?
Et sur l'Académie, aïeule et douairière,
Cachant sous ses jupons les tropes effarés,
Et sur les bataillons d'alexandrins carrés,
Je fis souffler un vent révolutionnaire.
Je mis un bonnet rouge au vieux dictionnaire.
Plus de mot sénateur! plus de mot roturier!
Je fis une tempête au fond de l'encrier,
Et je mêlai, parmi les ombres débordées,
Au peuple noir des mots l'essaim blanc des idées;
Et je dis : Pas de mot où l'idée au vol pur
Ne puisse se poser, tout humide d'azur!
Discours affreux! — Syllepse, hypallage, litote,
Frémirent; je montai sur la borne Aristote,
Et déclarai les mots égaux, libres, majeurs.
Tous les envahisseurs et tous les ravageurs,
Tous ces tigres, les Huns, les Scythes et les Daces,
N'étaient que des toutous auprès de mes audaces;
Je bondis hors du cercle et brisai le compas.
Je nommai le cochon par son nom; pourquoi pas?
Guichardin a nommé le Borgia! Tacite
Le Vitellius! Fauve, implacable, explicite,
J'ôtai du cou du chien stupéfait son collier
D'épithètes; dans l'herbe, à l'ombre du hallier,
Je fis fraterniser la vache et la génisse,
L'une étant Margoton et l'autre Bérénice.
Alors, l'ode, embrassant Rabelais, s'enivra;
Sur le sommet du Pinde on dansait Ça ira;

Les neuf muses, seins nus, chantaient la Carmagnole;
L'emphase frissonna dans sa fraise espagnole;
Jean, l'ânier, épousa la bergère Myrtil.
On entendit un roi dire : « Quelle heure est-il? »
Je massacrai l'albâtre, et la neige, et l'ivoire,
Je retirai le jais de la prunelle noire,
Et j'osai dire au bras : Sois blanc, tout simplement.
Je violai du vers le cadavre fumant;
J'y fis entrer le chiffre; ô terreur! Mithridate
Du siége de Cyzique eût pu citer la date.
Jours d'effroi! les Laïs devinrent des catins.
Force mots, par Restaut peignés tous les matins,
Et de Louis-Quatorze ayant gardé l'allure,
Portaient encor perruque; à cette chevelure
La Révolution, du haut de son beffroi,
Cria : « Transforme-toi! c'est l'heure. Remplis-toi
« De l'âme de ces mots que tu tiens prisonnière! »
Et la perruque alors rugit, et fut crinière.
Liberté! c'est ainsi qu'en nos rébellions,
Avec des épagneuls nous fîmes des lions,
Et que, sous l'ouragan maudit que nous soufflâmes,
Toutes sortes de mots se couvrirent de flammes.
J'affichai sur Lhomond des proclamations.
On y lisait : « Il faut que nous en finissions!
« Au panier les Bouhours, les Batteux, les Brossettes!
« A la pensée humaine ils ont mis les poucettes.
« Aux armes, prose et vers! formez vos bataillons!
« Voyez où l'on en est : la strophe a des bâillons!

« L'ode a les fers aux pieds, le drame est en cellule.
« Sur le Racine mort le Campistron pullule! »
Boileau grinça des dents; je lui dis : Ci-devant,
Silence! et je criai dans la foudre et le vent :
Guerre à la rhétorique et paix à la syntaxe!
Et tout quatre-vingt-treize éclata. Sur leur axe,
On vit trembler l'athos, l'ithos et le pathos.
Les matassins, lâchant Pourceaugnac et Cathos,
Poursuivant Dumarsais dans leur hideux bastringue,
Des ondes du Permesse emplirent leur seringue.
La syllabe, enjambant la loi qui la tria,
Le substantif manant, le verbe paria,
Accoururent. On but l'horreur jusqu'à la lie.
On les vit déterrer le songe d'Athalie;
Ils jetèrent au vent les cendres du récit
De Théramène; et l'astre Institut s'obscurcit.
Oui, de l'ancien régime ils ont fait tables rases,
Et j'ai battu des mains, buveur du sang des phrases,
Quand j'ai vu par la strophe écumante et disant
Les choses dans un style énorme et rugissant,
L'Art poétique pris au collet dans la rue,
Et quand j'ai vu, parmi la foule qui se rue,
Pendre, par tous les mots que le bon goût proscrit,
La lettre aristocrate à la lanterne esprit.
Oui, je suis ce Danton! je suis ce Robespierre!
J'ai, contre le mot noble à la longue rapière,
Insurgé le vocable ignoble, son valet,
Et j'ai, sur Dangeau mort, égorgé Richelet.

Oui, c'est vrai, ce sont là quelques-uns de mes crimes.
J'ai pris et démoli la bastille des rimes.
J'ai fait plus : j'ai brisé tous les carcans de fer
Qui liaient le mot peuple, et tiré de l'enfer
Tous les vieux mots damnés, légions sépulcrales ;
J'ai de la périphrase écrasé les spirales,
Et mêlé, confondu, nivelé sous le ciel
L'alphabet, sombre tour qui naquit de Babel ;
Et je n'ignorais pas que la main courroucée
Qui délivre le mot, délivre la pensée.

L'unité, des efforts de l'homme est l'attribut.
Tout est la même flèche et frappe au même but.

Donc, j'en conviens, voilà, déduits en style honnête,
Plusieurs de mes forfaits, et j'apporte ma tête.
Vous devez être vieux, par conséquent, papa,
Pour la dixième fois j'en fais meâ culpâ.
Oui, si Beauzée est dieu, c'est vrai, je suis athée.
La langue était en ordre, auguste, époussetée,
Fleur-de-lys d'or, Tristan et Boileau, plafond bleu,
Les quarante fauteuils et le trône au milieu ;
Je l'ai troublée, et j'ai, dans ce salon illustre,
Même un peu cassé tout ; le mot propre, ce rustre,
N'était que caporal : je l'ai fait colonel ;
J'ai fait un jacobin du pronom personnel ;

Du participe, esclave à la tête blanchie,
Une hyène, et du verbe une hydre d'anarchie.
Vous tenez le *reum confitentem*. Tonnez !
J'ai dit à la narine : Eh mais ! tu n'es qu'un nez !
J'ai dit au long fruit d'or : Mais tu n'es qu'une poire!
J'ai dit à Vaugelas : Tu n'es qu'une mâchoire !
J'ai dit aux mots : Soyez république ! soyez
La fourmilière immense, et travaillez ! Croyez,
Aimez, vivez ! — J'ai mis tout en branle, et, morose,
J'ai jeté le vers noble aux chiens noirs de la prose.

Et, ce que je faisais, d'autres l'ont fait aussi ;
Mieux que moi. Calliope, Euterpe au ton transi,
Polymnie, ont perdu leur gravité postiche.
Nous faisons basculer la balance hémistiche.
C'est vrai, maudissez-nous. Le vers, qui, sur son front
Jadis portait toujours douze plumes en rond,
Et sans cesse sautait sur la double raquette
Qu'on nomme prosodie et qu'on nomme étiquette,
Rompt désormais la règle et trompe le ciseau,
Et s'échappe, volant qui se change en oiseau,
De la cage césure, et fuit vers la ravine,
Et vole dans les cieux, alouette divine.

Tous les mots à présent planent dans la clarté.
Les écrivains ont mis la langue en liberté.

Et, grâce à ces bandits, grâce à ces terroristes,
Le vrai, chassant l'essaim des pédagogues tristes,
L'imagination, tapageuse aux cent voix,
Qui casse des carreaux dans l'esprit des bourgeois;
La poésie au front triple, qui rit, soupire
Et chante ; raille et croit; que Plaute et que Shakspeare
Semaient, l'un sur la plebs, et l'autre sur le mob ;
Qui verse aux nations la sagesse de Job
Et la raison d'Horace à travers sa démence ;
Qu'enivre de l'azur la frénésie immense,
Et qui, folle sacrée aux regards éclatants,
Monte à l'éternité par les degrés du temps,
La muse reparaît, nous reprend, nous ramène,
Se remet à pleurer sur la misère humaine,
Frappe et console, va du zénith au nadir,
Et fait sur tous les fronts reluire et resplendir
Son vol, tourbillon, lyre, ouragan d'étincelles,
Et ses millions d'yeux sur ses millions d'ailes.

Le mouvement complète ainsi son action.
Grâce à toi, progrès saint, la Révolution
Vibre aujourd'hui dans l'air, dans la voix, dans le livre;
Dans le mot palpitant le lecteur la sent vivre;
Elle crie, elle chante, elle enseigne, elle rit.
Sa langue est déliée ainsi que son esprit.
Elle est dans le roman, parlant tout bas aux femmes.
Elle ouvre maintenant deux yeux où sont deux flammes,

L'un sur le citoyen, l'autre sur le penseur.
Elle prend par la main la Liberté, sa sœur,
Et la fait dans tout homme entrer par tous les pores.
Les préjugés, formés, comme les madrépores,
Du sombre entassement des abus sous les temps,
Se dissolvent au choc de tous les mots flottants,
Pleins de sa volonté, de son but, de son âme.
Elle est la prose, elle est le vers, elle est le drame;
Elle est l'expression, elle est le sentiment,
Lanterne dans la rue, étoile au firmament.
Elle entre aux profondeurs du langage insondable;
Elle souffle dans l'art, porte-voix formidable;
Et, c'est Dieu qui le veut, après avoir rempli
De ses fiertés le peuple, effacé le vieux pli
Des fronts, et relevé la foule dégradée,
Et s'être faite droit, elle se fait idée!

Paris, janvier 1834.

VIII

SUITE

Car le mot, qu'on le sache, est un être vivant.
La main du songeur vibre et tremble en l'écrivant;
La plume, qui d'une aile allongeait l'envergure,
Frémit sur le papier quand sort cette figure,
Le mot, le terme, type on ne sait d'où venu,
Face de l'invisible, aspect de l'inconnu;
Créé, par qui? forgé, par qui? jailli de l'ombre;
Montant et descendant dans notre tête sombre,
Trouvant toujours le sens comme l'eau le niveau;
Formule des lueurs flottantes du cerveau.

Oui, vous tous, comprenez que les mots sont des choses.
Ils roulent pêle-mêle au gouffre obscur des proses,
Ou font gronder le vers, orageuse forêt.
Du sphinx Esprit Humain le mot sait le secret.
Le mot veut, ne veut pas, accourt, fée ou bacchante,
S'offre, se donne ou fuit; devant Néron qui chante
Ou Charles-Neuf qui rime, il recule hagard;
Tel mot est un sourire, et tel autre un regard;
De quelque mot profond tout homme est le disciple;
Toute force ici-bas a le mot pour multiple;
Moulé sur le cerveau, vif ou lent, grave ou bref,
Le creux du crâne humain lui donne son relief;
La vieille empreinte y reste auprès de la nouvelle;
Ce qu'un mot ne sait pas, un autre le révèle;
Les mots heurtent le front comme l'eau le récif;
Ils fourmillent, ouvrant dans notre esprit pensif
Des griffes ou des mains, et quelques-uns des ailes;
Comme en un âtre noir errent des étincelles,
Rêveurs, tristes, joyeux, amers, sinistres, doux,
Sombre peuple, les mots vont et viennent en nous;
Les mots sont les passants mystérieux de l'âme.

Chacun d'eux porte une ombre ou secoue une flamme;
Chacun d'eux du cerveau garde une région;
Pourquoi? c'est que le mot s'appelle Légion;
C'est que chacun, selon l'éclair qui le traverse,
Dans le labeur commun fait une œuvre diverse;

C'est que de ce troupeau de signes et de sons
Qu'écrivant ou parlant, devant nous nous chassons,
Naissent les cris, les chants, les soupirs, les harangues;
C'est que, présent partout, nain caché sous les langues,
Le mot tient sous ses pieds le globe et l'asservit;
Et, de même que l'homme est l'animal où vit
L'âme, clarté d'en haut par le corps possédée,
C'est que Dieu fait du mot la bête de l'idée.

Le mot fait vibrer tout au fond de nos esprits.
Il remue, en disant : Béatrix, Lycoris,
Dante au Campo-Santo, Virgile au Pausilippe.
De l'océan pensée il est le noir polype.
Quand un livre jaillit d'Eschyle ou de Manou,
Quand saint Jean à Patmos écrit sur son genou,
On voit parmi leurs vers pleins d'hydres et de stryges,
Des mots monstres ramper dans ces œuvres prodiges.

O main de l'impalpable! ô pouvoir surprenant!
Mets un mot sur un homme, et l'homme frissonnant
Sèche et meurt, pénétré par la force profonde;
Attache un mot vengeur au flanc de tout un monde,
Et le monde, entraînant pavois, glaive, échafaud,
Ses lois, ses mœurs, ses dieux, s'écroule sous le mot.
Cette toute-puissance immense sort des bouches.
La terre est sous les mots comme un champ sous les mouches.

Le mot dévore, et rien ne résiste à sa dent.
À son haleine, l'âme et la lumière aidant,
L'obscure énormité lentement s'exfolie.
Il met sa force sombre en ceux que rien ne plie;
Caton a dans les reins cette syllabe : NON.
Tous les grands obstinés, Brutus, Colomb, Zénon,
Ont ce mot flamboyant qui luit sous leur paupière :
ESPÉRANCE ! — Il entr'ouvre une bouche de pierre
Dans l'enclos formidable où les morts ont leur lit,
Et voilà que don Juan pétrifié pâlit !
Il fait le marbre spectre, il fait l'homme statue.
Il frappe, il blesse, il marque, il ressuscite, il tue;
Nemrod dit : « Guerre ! » alors, du Gange à l'Illissus,
Le fer luit, le sang coule. « Aimez-vous ! » dit Jésus.
Et ce mot à jamais brille et se réverbère
Dans le vaste univers, sur tous, sur toi, Tibère,
Dans les cieux, sur les fleurs, sur l'homme rajeuni,
Comme le flamboiement d'amour de l'infini !

Quand, aux jours où la terre entr'ouvrait sa corolle,
Le premier homme dit la première parole,
Le mot né de sa lèvre, et que tout entendit,
Rencontra dans les cieux la lumière, et lui dit :
« Ma sœur !

« Envole-toi ! plane ! sois éternelle !
« Allume l'astre ! emplis à jamais la prunelle !
« Échauffe éthers, azurs, sphères, globes ardents !
« Éclaire le dehors, j'éclaire le dedans.

« Tu vas être une vie, et je vais être l'autre.
« Sois la langue de feu, ma sœur, je suis l'apôtre.
« Surgis, effare l'ombre, éblouis l'horizon,
« Sois l'aube ; je te vaux, car je suis la raison ;
« A toi les yeux, à moi les fronts. O ma sœur blonde,
« Sous le réseau Clarté tu vas saisir le monde ;
« Avec tes rayons d'or, tu vas lier entre eux
« Les terres, les soleils, les fleurs, les flots vitreux,
« Les champs, les cieux ; et moi, je vais lier les bouches ;
« Et sur l'homme, emporté par mille essors farouches,
« Tisser, avec des fils d'harmonie et de jour,
« Pour prendre tous les cœurs, l'immense toile Amour.
« J'existais avant l'âme, Adam n'est pas mon père.
« J'étais même avant toi ; tu n'aurais pu, lumière,
« Sortir sans moi du gouffre où tout rampe enchaîné ;
« Mon nom est FIAT LUX, et je suis ton aîné ! »

Oui, tout-puissant ! tel est le mot. Fou qui s'en joue !
Quand l'erreur fait un nœud dans l'homme, il le dénoue.
Il est foudre dans l'ombre et ver dans le fruit mûr.
Il sort d'une trompette, il tremble sur un mur,
Et Balthazar chancelle, et Jéricho s'écroule.
Il s'incorpore au peuple, étant lui-même foule.
Il est vie, esprit, germe, ouragan, vertu, feu ;
Car le mot, c'est le Verbe, et le Verbe, c'est Dieu.

Jersey, juin 1855.

IX

Le poëme éploré se lamente; le drame
Souffre, et par vingt acteurs répand à flots son âme;
Et la foule accoudée un moment s'attendrit,
Puis reprend : « Bah ! l'auteur est un homme d'esprit,
« Qui, sur de faux héros lançant de faux tonnerres,
« Rit de nous voir pleurer leurs maux imaginaires.

« Ma femme, calme-toi; sèche tes yeux, ma sœur. »
La foule a tort : l'esprit c'est le cœur; le penseur
Souffre de sa pensée et se brûle à sa flamme.
Le poëte a saigné le sang qui sort du drame;
Tous ces êtres qu'il fait l'étreignent de leurs nœuds;
Il tremble en eux, il vit en eux, il meurt en eux;
Dans sa création le poëte tressaille;
Il est elle; elle est lui; quand dans l'ombre il travaille,
Il pleure, et s'arrachant les entrailles, les met
Dans son drame, et, sculpteur, seul sur son noir sommet
Pétrit sa propre chair dans l'argile sacrée;
Il y renaît sans cesse, et ce songeur qui crée
Othello d'une larme, Alceste d'un sanglot,
Avec eux pêle-mêle en ses œuvres éclôt.
Dans sa genèse immense et vraie, une et diverse,
Lui, le souffrant du mal éternel, il se verse,
Sans épuiser son flanc d'où sort une clarté.
Ce qui fait qu'il est dieu, c'est plus d'humanité.
Il est génie, étant, plus que les autres, homme.
Corneille est à Rouen, mais son âme est à Rome;
Son front des vieux Catons porte le mâle ennui.
Comme Shakspeare est pâle! avant Hamlet, c'est lui
Que le fantôme attend sur l'âpre plate-forme,
Pendant qu'à l'horizon surgit la lune énorme.
Du mal dont rêve Argan, Poquelin est mourant;
Il rit : oui, peuple, il râle! Avec Ulysse errant,
Homère éperdu fuit dans la brume marine.
Saint Jean frissonne : au fond de sa sombre poitrine,

L'Apocalypse horrible agite son tocsin.
Eschyle! Oreste marche et rugit dans ton sein,
Et c'est, ô noir poëte à la lèvre irritée,
Sur ton crâne géant qu'est cloué Prométhée.

Paris, janvier 1834.

X

A MADAME D. G. DE G.

Jadis je vous disais : —Vivez, régnez, Madame !
Le salon vous attend ! le succès vous réclame !
Le bal éblouissant pâlit quand vous partez !
Soyez illustre et belle ! aimez ! riez ! chantez !
Vous avez la splendeur des astres et des roses !
Votre regard charmant, où je lis tant de choses,
Commente vos discours légers et gracieux.
Ce que dit votre bouche étincelle en vos yeux.
Il semble, quand parfois un chagrin vous alarme,
Qu'ils versent une perle et non pas une larme.

Même quand vous rêvez, vous souriez encor.
Vivez, fêtée et fière, ô belle aux cheveux d'or!
Maintenant vous voilà pâle, grave, muette,
Morte, et transfigurée, et je vous dis : — Poëte!
Viens me chercher! Archange! être mystérieux!
Fais pour moi transparents et la terre et les cieux!
Révèle-moi, d'un mot de ta bouche profonde,
La grande énigme humaine et le secret du monde!
Confirme en mon esprit Descarte ou Spinosa!
Car tu sais le vrai nom de celui qui perça,
Pour que nous puissions voir sa lumière sans voiles,
Ces trous du noir plafond qu'on nomme les étoiles!
Car je te sens flotter sous mes rameaux penchants;
Car ta lyre invisible a de sublimes chants!
Car mon sombre océan, où l'esquif s'aventure,
T'épouvante et te plaît; car la sainte nature,
La nature éternelle, et les champs, et les bois,
Parlent à ta grande âme avec leur grande voix!

Paris, 1840. — Jersey, 1855.

XI

LISE

J'avais douze ans; elle en avait bien seize.
Elle était grande, et, moi, j'étais petit.
Pour lui parler le soir plus à mon aise,
Moi, j'attendais que sa mère sortît;
Puis je venais m'asseoir près de sa chaise
Pour lui parler le soir plus à mon aise.

Que de printemps passés avec leurs fleurs!
Que de feux morts, et que de tombes closes!

Se souvient-on qu'il fut jadis des cœurs ?
Se souvient-on qu'il fut jadis des roses ?
Elle m'aimait. Je l'aimais. Nous étions
Deux purs enfants, deux parfums, deux rayons.

Dieu l'avait faite ange, fée et princesse.
Comme elle était bien plus grande que moi,
Je lui faisais des questions sans cesse
Pour le plaisir de lui dire : Pourquoi ?
Et, par moments, elle évitait, craintive,
Mon œil rêveur qui la rendait pensive.

Puis j'étalais mon savoir enfantin,
Mes jeux, la balle et la toupie agile ;
J'étais tout fier d'apprendre le latin ;
Je lui montrais mon Phèdre et mon Virgile ;
Je bravais tout ; rien ne me faisait mal ;
Je lui disais : Mon père est général.

Quoiqu'on soit femme, il faut parfois qu'on lise
Dans le latin, qu'on épèle en rêvant ;
Pour lui traduire un verset, à l'église,
Je me penchais sur son livre souvent.
Un ange ouvrait sur nous son aile blanche
Quand nous étions à vêpres le dimanche.

Elle disait de moi : C'est un enfant !
Je l'appelais mademoiselle Lise ;
Pour lui traduire un psaume, bien souvent,
Je me penchais sur son livre, à l'église ;
Si bien qu'un jour, vous le vîtes, mon Dieu !
Sa joue en fleur toucha ma lèvre en feu.

Jeunes amours, si vite épanouies,
Vous êtes l'aube et le matin du cœur.
Charmez l'enfant, extases inouïes !
Et, quand le soir vient avec la douleur,
Charmez encor nos âmes éblouies.
Jeunes amours, si vite évanouies !

Mai 1843.

XII

VERE NOVO

Comme le matin rit sur les roses en pleurs !
Oh ! les charmants petits amoureux qu'ont les fleurs !
Ce n'est dans les jasmins, ce n'est dans les pervenches
Qu'un éblouissement de folles ailes blanches
Qui vont, viennent, s'en vont, reviennent, se fermant,
Se rouvrant, dans un vaste et doux frémissement.
O printemps ! quand on songe à toutes les missives
Qui des amants rêveurs vont aux belles pensives,
A ces cœurs confiés au papier, à ce tas
De lettres que le feutre écrit au taffetas,

Aux messages d'amour, d'ivresse et de délire
Qu'on reçoit en avril et qu'en mai l'on déchire,
On croit voir s'envoler, au gré du vent joyeux,
Dans les prés, dans les bois, sur les eaux, dans les cieux,
Et rôder en tous lieux, cherchant partout une âme,
Et courir à la fleur en sortant de la femme,
Les petits morceaux blancs, chassés en tourbillons,
De tous les billets doux, devenus papillons.

Mai 1831.

XIII

A PROPOS D'HORACE

Marchands de grec! marchands de latin! cuistres! dogues!
Philistins! magisters! je vous hais, pédagogues!
Car, dans votre aplomb grave, infaillible, hébété,
Vous niez l'idéal, la grâce et la beauté!
Car vos textes, vos lois, vos règles sont fossiles!
Car, avec l'air profond, vous êtes imbéciles!
Car vous enseignez tout, et vous ignorez tout!
Car vous êtes mauvais et méchants! — Mon sang bout
Rien qu'à songer au temps où, rêveuse bourrique,
Grand diable de seize ans, j'étais en rhétorique!

Que d'ennuis! de fureurs! de bêtises! — gredins! —
Que de froids châtiments et que de chocs soudains!
« Dimanche en retenue et cinq cents vers d'Horace! »
Je regardais le monstre aux ongles noirs de crasse,
Et je balbutiais : « Monsieur... — Pas de raisons!
« Vingt fois l'ode à Plancus et l'épître aux Pisons! »
Or, j'avais justement, ce jour-là, — douce idée
Qui me faisait rêver d'Armide et d'Haydée, —
Un rendez-vous avec la fille du portier.
Grand Dieu! perdre un tel jour! le perdre tout entier!
Je devais, en parlant d'amour, extase pure!
En l'enivrant avec le ciel et la nature,
La mener, si le temps n'était pas trop mauvais,
Manger de la galette aux buttes Saint-Gervais!
Rêve heureux! je voyais, dans ma colère bleue,
Tout cet Éden, congé, les lilas, la banlieue,
Et j'entendais, parmi le thym et le muguet,
Les vagues violons de la mère Saguet!
O douleur! furieux, je montais à ma chambre,
Fournaise au mois de juin, et glacière en décembre;
Et, là, je m'écriais :

— Horace! ô bon garçon!
Qui vivais dans le calme et selon la raison,
Et qui t'allais poser, dans ta sagesse franche,
Sur tout, comme l'oiseau se pose sur la branche,
Sans peser, sans rester, ne demandant aux dieux
Que le temps de chanter ton chant libre et joyeux!

Tu marchais, écoutant le soir, sous les charmilles,
Les rires étouffés des folles jeunes filles,
Les doux chuchotements dans l'angle obscur du bois ;
Tu courtisais ta belle esclave quelquefois,
Myrtale aux blonds cheveux, qui s'irrite et se cabre
Comme la mer creusant les golfes de Calabre,
Ou bien tu t'accoudais à table, buvant sec
Ton vin que tu mettais toi-même en un pot grec.
Pégase te soufflait des vers de sa narine;
Tu songeais; tu faisais des odes à Barine,
A Mécène, à Virgile, à ton champ de Tibur,
A Chloë, qui passait le long de ton vieux mur,
Portant sur son beau front l'amphore délicate.
La nuit, lorsque Phœbé devient la sombre Hécate,
Les halliers s'emplissaient pour toi de visions ;
Tu voyais des lueurs, des formes, des rayons,
Cerbère se frotter, la queue entre les jambes,
A Bacchus, dieu des vins et père des ïambes ;
Silène digérer dans sa grotte, pensif ;
Et se glisser dans l'ombre, et s'enivrer, lascif,
Aux blanches nudités des nymphes peu vêtues,
Le faune aux pieds de chèvre, aux oreilles pointues !
Horace, quand grisé d'un petit vin sabin,
Tu surprenais Glycère ou Lycoris au bain,
Qui t'eût dit, ô Flaccus! quand tu peignais à Rome
Les jeunes chevaliers courant dans l'hippodrome,
Comme Molière a peint en France les marquis,
Que tu faisais ces vers charmants, profonds, exquis,

Pour servir, dans le siècle odieux où nous sommes,
D'instruments de torture à d'horribles bonshommes,
Mal peignés, mal vêtus, qui mâchent, lourds pédants,
Comme un singe une fleur, ton nom entre leurs dents!
Grimauds hideux qui n'ont, tant leur tête est vidée,
Jamais eu de maîtresse et jamais eu d'idée!

Puis j'ajoutais, farouche :

— O cancres ! qui mettez
Une soutane aux dieux de l'éther irrités,
Un béguin à Diane, et qui de vos tricornes
Coiffez sinistrement les olympiens mornes,
Eunuques, tourmenteurs, crétins, soyez maudits!
Car vous êtes les vieux, les noirs, les engourdis,
Car vous êtes l'hiver; car vous êtes, ô cruches !
L'ours qui va dans les bois cherchant un arbre à ruches,
L'ombre, le plomb, la mort, la tombe, le néant!
Nul ne vit près de vous dressé sur son séant;
Et vous pétrifiez d'une haleine sordide
Le jeune homme naïf, étincelant, splendide;
Et vous vous approchez de l'aurore, endormeurs!
A Pindare serein plein d'épiques rumeurs,
A Sophocle, à Térence, à Plaute, à l'ambroisie,
O traîtres, vous mêlez l'antique hypocrisie,
Vos ténèbres, vos mœurs, vos jougs, vos exeats,
Et l'assoupissement des noirs couvents béats;

Vos coups d'ongle rayant tous les sublimes livres,
Vos préjugés qui font vos yeux de brouillards ivres,
L'horreur de l'avenir, la haine du progrès;
Et vous faites, sans peur, sans pitié, sans regrets,
A la jeunesse, aux cœurs vierges, à l'espérance,
Boire dans votre nuit ce vieil opium rance!
O fermoirs de la bible humaine! sacristains
De l'art, de la science, et des maîtres lointains,
Et de la vérité que l'homme aux cieux épèle,
Vous changez ce grand temple en petite chapelle!
Guichetiers de l'esprit, faquins dont le goût sûr
Mène en laisse le beau; porte-clefs de l'azur,
Vous prenez Théocrite, Eschyle aux sacrés voiles,
Tibulle plein d'amour, Virgile plein d'étoiles;
Vous faites de l'enfer avec ces paradis!

Et, ma rage croissant, je reprenais :

— Maudits,

Ces monastères sourds! bouges! prisons haïes!
Oh! comme on fit jadis au pédant de Veïes,
Culotte bas, vieux tigre! Écoliers! écoliers!
Accourez par essaims, par bandes, par milliers,
Du gamin de Paris au grœculus de Rome,
Et coupez du bois vert, et fouaillez-moi cet homme!
Jeunes bouches, mordez le metteur de bâillons!
Le mannequin sur qui l'on drape des haillons
A tout autant d'esprit que ce cuistre en son antre,
Et tout autant de cœur; et l'un a dans le ventre

Du latin et du grec comme l'autre a du foin.
Ah! je prends Phyllodoce et Xanthis à témoin
Que je suis amoureux de leurs claires tuniques;
Mais je hais l'affreux tas des vils pédants iniques!
Confier un enfant, je vous demande un peu,
A tous ces êtres noirs! autant mettre, morbleu!
La mouche en pension chez une tarentule!
Ces moines, expliquer Platon, lire Catulle,
Tacite racontant le grand Agricola,
Lucrèce! eux, déchiffrer Homère, ces gens-là!
Ces diacres! ces bedeaux dont le groin renifle!
Crânes d'où sort la nuit, pattes d'où sort la giffle,
Vieux dadais à l'air rogue, au sourcil triomphant,
Qui ne savent pas même épeler un enfant!
Ils ignorent comment l'âme naît et veut croître.
Cela vous a Laharpe et Nonotte pour cloître!
Ils en sont à l'A, B, C, D, du cœur humain;
Ils sont l'horrible Hier qui veut tuer Demain;
Ils offrent à l'aiglon leurs règles d'écrevisses.
Et puis ces noirs tessons ont une odeur de vices.
O vieux pots égueulés des soifs qu'on ne dit pas!
Le pluriel met une S à leurs meâs culpâs,
Les boucs mystérieux, en les voyant s'indignent,
Et, quand on dit : « Amour ! » terre et cieux ! ils se signent.
Leur vieux viscère mort insulte au cœur naissant.
Ils le prennent de haut avec l'adolescent,
Et ne tolèrent pas le jour entrant dans l'âme
Sous la forme pensée ou sous la forme femme.

Quand la muse apparaît, ces hurleurs de holà
Disent : « Qu'est-ce que c'est que cette folle-là ? »
Et, devant ses beautés, de ses rayons accrues,
Ils reprennent : « Couleurs dures, nuances crues ;
« Vapeurs, illusions, rêves ; et quel travers
« Avez-vous de fourrer l'arc-en-ciel dans vos vers? »
Ils raillent les enfants, ils raillent les poëtes ;
Ils font aux rossignols leurs gros yeux de chouettes ;
L'enfant est l'ignorant, ils sont l'ignorantin ;
Ils raturent l'esprit, la splendeur, le matin ;
Ils sarclent l'idéal ainsi qu'un barbarisme,
Et ces culs de bouteille ont le dédain du prisme !

Ainsi l'on m'entendait dans ma geôle crier.

Le monologue avait le temps de varier.
Et je m'exaspérais, faisant la faute énorme,
Ayant raison au fond, d'avoir tort dans la forme.
Après l'abbé Tuet, je maudissais Bezout ;
Car, outre les pensums où l'esprit se dissout,
J'étais alors en proie à la mathématique.
Temps sombre ! enfant ému du frisson poétique,
Pauvre oiseau qui heurtais du crâne mes barreaux,
On me livrait tout vif aux chiffres, noirs bourreaux ;
On me faisait de force ingurgiter l'algèbre ;
On me liait au fond d'un Boisbertrand funèbre ;
On me tordait, depuis les ailes jusqu'au bec,
Sur l'affreux chevalet des X et des Y ;

Hélas! on me fourrait sous les os maxillaires
Le théorème orné de tous ses corollaires;
Et je me débattais, lugubre patient
Du diviseur prêtant main-forte au quotient.
De là mes cris.

Un jour, quand l'homme sera sage,
Lorsqu'on n'instruira plus les oiseaux par la cage,
Quand les sociétés difformes sentiront
Dans l'enfant mieux compris se redresser leur front,
Que, des libres essors ayant sondé les règles,
On connaîtra la loi de croissance des aigles,
Et que le plein midi rayonnera pour tous,
Savoir étant sublime, apprendre sera doux.
Alors, tout en laissant au sommet des études
Les grands livres latins et grecs, ces solitudes
Où l'éclair gronde, où luit la mer, où l'astre rit,
Et qu'emplissent les vents immenses de l'esprit,
C'est en les pénétrant d'explication tendre,
En les faisant aimer, qu'on les fera comprendre.
Homère emportera dans son vaste reflux
L'écolier ébloui; l'enfant ne sera plus
Une bête de somme attelée à Virgile;
Et l'on ne verra plus ce vif esprit agile
Devenir, sous le fouet d'un cuistre ou d'un abbé,
Le lourd cheval poussif du pensum embourbé.

Chaque village aura, dans un temple rustique,
Dans la lumière, au lieu du magister antique,
Trop noir pour que jamais le jour y pénétrât,
L'instituteur lucide et grave, magistrat
Du progrès, médecin de l'ignorance, et prêtre
De l'idée; et dans l'ombre on verra disparaître
L'éternel écolier et l'éternel pédant.
L'aube vient en chantant, et non pas en grondant.
Nos fils riront de nous dans cette blanche sphère;
Ils se demanderont ce que nous pouvions faire
Enseigner au moineau par le hibou hagard.
Alors, le jeune esprit et le jeune regard
Se lèveront avec une clarté sereine
Vers la science auguste, aimable et souveraine;
Alors, plus de grimoire obscur, fade, étouffant;
Le maître, doux apôtre incliné sur l'enfant,
Fera, lui versant Dieu, l'azur et l'harmonie,
Boire la petite âme à la coupe infinie.
Alors, tout sera vrai, lois, dogmes, droits, devoirs.
Tu laisseras passer dans tes jambages noirs
Une pure lueur, de jour en jour moins sombre,
O nature, alphabet des grandes lettres d'ombre!

Paris, mai 1831.

XIV

A GRANVILLE, EN 1836.

Voici juin. Le moineau raille
Dans les champs les amoureux ;
Le rossignol de muraille
Chante dans son nid pierreux.

Les herbes et les branchages,
Pleins de soupirs et d'abois,
Font de charmants rabâchages
Dans la profondeur des bois.

La grive et la tourterelle
Prolongent, dans les nids sourds,
La ravissante querelle
Des baisers et des amours.

Sous les treilles de la plaine,
Dans l'antre où verdit l'osier,
Virgile enivre Silène,
Et Rabelais Grandgousier.

O Virgile, verse à boire!
Verse à boire, ô Rabelais!
La forêt est une gloire;
La caverne est un palais!

Il n'est pas de lac ni d'île
Qui ne nous prenne au gluau,
Qui n'improvise une idylle,
Ou qui ne chante un duo.

Car l'amour chasse aux bocages,
Et l'amour pêche aux ruisseaux,
Car les belles sont les cages
Dont nos cœurs sont les oiseaux.

De la source, sa cuvette,
La fleur, faisant son miroir,

Dit : « Bonjour, » à la fauvette,
Et dit au hibou : « Bonsoir. »

Le toit espère la gerbe,
Pain d'abord et chaume après ;
La croupe du bœuf dans l'herbe
Semble un mont dans les forêts.

L'étang rit à la macreuse,
Le pré rit au loriot,
Pendant que l'ornière creuse
Gronde le lourd chariot.

L'or fleurit en giroflée ;
L'ancien zéphir fabuleux
Souffle avec sa joue enflée
Au fond des nuages bleus.

Jersey, sur l'onde docile,
Se drape d'un beau ciel pur,
Et prend des airs de Sicile
Dans un grand haillon d'azur.

Partout l'églogue est écrite :
Même en la froide Albion,
L'air est plein de Théocrite,
Le vent sait par cœur Bion ;

Et redit, mélancolique,
La chanson que fredonna
Moschus, grillon bucolique
De la cheminée Etna.

L'hiver tousse, vieux phthisique,
Et s'en va; la brume fond;
Les vagues font la musique
Des vers que les arbres font.

Toute la nature sombre
Verse un mystérieux jour;
L'âme qui rêve a plus d'ombre
Et la fleur a plus d'amour.

L'herbe éclate en pâquerettes;
Les parfums, qu'on croit muets,
Content les peines secrètes
Des liserons aux bleuets.

Les petites ailes blanches
Sur les eaux et les sillons
S'abattent en avalanches;
Il neige des papillons.

Et sur la mer, qui reflète
L'aube au sourire d'émail,

La bruyère violette
Met au vieux mont un camail;

Afin qu'il puisse, à l'abîme
Qu'il contient et qu'il bénit,
Dire sa messe sublime
Sous sa mitre de granit.

Granville, juin 1836.

XV

LA COCCINELLE

Elle me dit : « Quelque chose
« Me tourmente. » Et j'aperçus
Son cou de neige, et, dessus,
Un petit insecte rose.

J'aurais dû, — mais, sage ou fou,
A seize ans, on est farouche, —
Voir le baiser sur sa bouche
Plus que l'insecte à son cou.

On eût dit un coquillage;
Dos rose et taché de noir.
Les fauvettes pour nous voir
Se penchaient dans le feuillage.

Sa bouche fraîche était là ;
Je me courbai sur la belle,
Et je pris la coccinelle;
Mais le baiser s'envola.

« Fils, apprends comme on me nomme, »
Dit l'insecte du ciel bleu,
« Les bêtes sont au bon Dieu;
« Mais la bêtise est à l'homme. »

Paris, mai 1830.

XVI

VERS 1820

Denise, ton mari, notre vieux pédagogue,
Se promène; il s'en va troubler la fraîche églogue
Du bel adolescent Avril dans la forêt;
Tout tremble et tout devient pédant, dès qu'il paraît:
L'âne bougonne un thème au bœuf son camarade;
Le vent fait sa tartine, et l'arbre sa tirade;

L'églantier verdissant, doux garçon qui grandit,
Déclame le récit de Théramène, et dit :
Son front large est armé de cornes menaçantes.

Denise, cependant, tu rêves et tu chantes,
A l'âge où l'innocence ouvre sa vague fleur ;
Et, d'un œil ignorant, sans joie et sans douleur,
Sans crainte et sans désir, tu vois, à l'heure où rentre
L'étudiant en classe et le docteur dans l'antre,
Venir à toi, montant ensemble l'escalier,
L'ennui, maître d'école, et l'amour, écolier.

XVII

A M. FROMENT MEURICE

Nous sommes frères : la fleur
Par deux arts peut être faite.
Le poëte est ciseleur ;
Le ciseleur est poëte.

Poëtes ou ciseleurs,
Par nous l'esprit se révèle.
Nous rendons les bons meilleurs,
Tu rends la beauté plus belle.

Sur son bras ou sur son cou,
Tu fais de tes rêveries,
Statuaire du bijou,
Des palais de pierreries !

Ne dis pas : « Mon art n'est rien... »
Sors de la route tracée,
Ouvrier magicien,
Et mêle à l'or la pensée !

Tous les penseurs, sans chercher
Qui finit ou qui commence,
Sculptent le même rocher :
Ce rocher, c'est l'art immense.

Michel-Ange, grand vieillard,
En larges blocs qu'il nous jette,
Le fait jaillir au hasard ;
Benvenuto nous l'émiette.

Et, devant l'art infini,
Dont jamais la loi nec hange,
La miette de Cellini
Vaut le bloc de Michel-Ange.

Tout est grand ; sombre ou vermeil,
Tout feu qui brille est une âme.
L'étoile vaut le soleil ;
L'étincelle vaut la flamme.

Paris, octobre 1841.

XVIII

LES OISEAUX

Je rêvais dans un grand cimetière désert;
De mon âme et des morts j'écoutais le concert,
Parmi les fleurs de l'herbe et les croix de la tombe.
Dieu veut que ce qui naît sorte de ce qui tombe.
Et l'ombre m'emplissait.

Autour de moi, nombreux,
Gais, sans avoir souci de mon front ténébreux,
Dans ce champ, lit fatal de la sieste dernière,
Des moineaux francs faisaient l'école buissonnière.

C'était l'éternité que taquine l'instant.
Ils allaient et venaient, chantant, volant, sautant,
Égratignant la mort de leurs griffes pointues,
Lissant leur bec au nez lugubre des statues,
Becquetant les tombeaux, ces grains mystérieux.
Je pris ces tapageurs ailés au sérieux;
Je criai : — Paix aux morts! vous êtes des harpies.
— Nous sommes des moineaux, me dirent ces impies.
— Silence! allez-vous-en! repris-je, peu clément.
Ils s'enfuirent; j'étais le plus fort. Seulement,
Un d'eux resta derrière, et, pour toute musique,
Dressa la queue, et dit : — Quel est ce vieux classique?

Comme ils s'en allaient tous, furieux, maugréant,
Criant, et regardant de travers le géant,
Un houx noir qui songeait près d'une tombe, un sage,
M'arrêta brusquement par la manche au passage,
Et me dit : — Ces oiseaux sont dans leur fonction.
Laisse-les. Nous avons besoin de ce rayon.
Dieu les envoie. Ils font vivre le cimetière.
Homme, ils sont la gaîté de la nature entière;
Ils prennent son murmure au ruisseau, sa clarté
A l'astre, son sourire au matin enchanté;
Partout où rit un sage, ils lui prennent sa joie,
Et nous l'apportent; l'ombre en les voyant flamboie;
Ils emplissent leurs becs des cris des écoliers;
A travers l'homme et l'herbe, et l'onde, et les halliers,

Ils vont pillant la joie en l'univers immense.
Ils ont cette raison qui te semble démence.
Ils ont pitié de nous qui loin d'eux languissons;
Et, lorsqu'ils sont bien pleins de jeux et de chansons,
D'églogues, de baisers, de tous les commérages
Que les nids en avril font sous les verts ombrages,
Ils accourent, joyeux, charmants, légers, bruyants,
Nous jeter tout cela dans nos trous effrayants;
Et viennent, des palais, des bois, de la chaumière,
Vider dans notre nuit toute cette lumière!
Quand mai nous les ramène, ô songeur, nous disons:
« Les voilà! » tout s'émeut, pierres, tertres, gazons;
Le moindre arbrisseau parle, et l'herbe est en extase;
Le saule pleureur chante en achevant sa phrase;
Ils confessent les ifs, devenus babillards;
Ils jasent de la vie avec les corbillards;
Des linceuls trop pompeux ils décrochent l'agrafe;
Ils se moquent du marbre; ils savent l'orthographe;
Et, moi qui suis ici le vieux chardon boudeur,
Devant qui le mensonge étale sa laideur,
Et ne se gêne pas, me traitant comme un hôte,
Je trouve juste, ami, qu'en lisant à voix haute
L'épitaphe où le mort est toujours bon et beau,
Ils fassent éclater de rire le tombeau.

Paris, mai 1835.

XIX

VIEILLE CHANSON

DU JEUNE TEMPS

Je ne songeais pas à Rose;
Rose au bois vint avec moi;
Nous parlions de quelque chose,
Mais je ne sais plus de quoi.

J'étais froid comme les marbres;
Je marchais à pas distraits;
Je parlais des fleurs, des arbres;
Son œil semblait dire : « Après? »

La rosée offrait ses perles,
Le taillis ses parasols;
J'allais; j'écoutais les merles,
Et Rose les rossignols.

Moi, seize ans, et l'air morose;
Elle vingt; ses yeux brillaient.
Les rossignols chantaient Rose
Et les merles me sifflaient.

Rose, droite sur ses hanches,
Leva son beau bras tremblant
Pour prendre une mûre aux branches;
Je ne vis pas son bras blanc.

Une eau courait, fraîche et creuse
Sur les mousses de velours;
Et la nature amoureuse
Dormait dans les grands bois sourds.

Rose défit sa chaussure,
Et mit, d'un air ingénu,
Son petit pied dans l'eau pure;
Je ne vis pas son pied nu.

Je ne savais que lui dire;
Je la suivais dans le bois,

La voyant parfois sourire
Et soupirer quelquefois.

Je ne vis qu'elle était belle
Qu'en sortant des grands bois sourds.
« Soit ; n'y pensons plus ! » dit-elle.
Depuis, j'y pense toujours.

Paris, juin 1834.

XX

A UN POËTE AVEUGLE

Merci, poëte! — au seuil de mes lares pieux,
Comme un hôte divin, tu viens et te dévoiles;
Et l'auréole d'or de tes vers radieux
Brille autour de mon nom comme un cercle d'étoiles.

Chante! Milton chantait; chante! Homère a chanté.
Le poëte des sens perce la triste brume;
L'aveugle voit dans l'ombre un monde de clarté.
Quand l'œil du corps s'éteint, l'œil de l'esprit s'allume.

Paris, mai 1842.

XXI

Elle était déchaussée, elle était décoiffée,
Assise, les pieds nus, parmi les joncs penchants ;
Moi qui passais par là, je crus voir une fée,
Et je lui dis : Veux-tu t'en venir dans les champs ?

Elle me regarda de ce regard suprême
Qui reste à la beauté quand nous en triomphons,
Et je lui dis : Veux-tu, c'est le mois où l'on aime,
Veux-tu nous en aller sous les arbres profonds ?

Elle essuya ses pieds à l'herbe de la rive;
Elle me regarda pour la seconde fois,
Et la belle folâtre alors devint pensive.
Oh! comme les oiseaux chantaient au fond des bois!

Comme l'eau caressait doucement le rivage!
Je vis venir à moi, dans les grands roseaux verts,
La belle fille heureuse, effarée et sauvage,
Ses cheveux dans ses yeux, et riant au travers.

Mont.-l'Am., juin 1831.

XXII

LA FÊTE CHEZ THÉRÈSE

La chose fut exquise et fort bien ordonnée.
C'était au mois d'avril, et dans une journée
Si douce, qu'on eût dit qu'amour l'eût faite exprès.
Thérèse la duchesse à qui je donnerais,
Si j'étais roi, Paris, si j'étais Dieu, le monde,
Quand elle ne serait que Thérèse la blonde ;
Cette belle Thérèse, aux yeux de diamant,
Nous avait conviés dans son jardin charmant.

On était peu nombreux. Le choix faisait la fête.
Nous étions tous ensemble et chacun tête à tête.
Des couples pas à pas erraient de tous côtés.
C'étaient les fiers seigneurs et les rares beautés,
Les Amyntas rêvant auprès des Léonores,
Les marquises riant avec les monsignores ;
Et l'on voyait rôder dans les grands escaliers
Un nain qui dérobait leur bourse aux cavaliers.

A midi, le spectacle avec la mélodie.
Pourquoi jouer Plautus la nuit? La comédie
Est une belle fille, et rit mieux au grand jour.
Or, on avait bâti, comme un temple d'amour,
Près d'un bassin dans l'ombre habité par un cygne,
Un théâtre en treillage où grimpait une vigne.
Un cintre à claire-voie en anse de panier,
Cage verte où sifflait un bouvreuil prisonnier,
Couvrait toute la scène, et, sur leurs gorges blanches,
Les actrices sentaient errer l'ombre des branches.
On entendait au loin de magiques accords ;
Et, tout en haut, sortant de la frise à mi-corps,
Pour attirer la foule aux lazzis qu'il répète,
Le blanc Pulcinella sonnait de la trompette.
Deux faunes soutenaient le manteau d'Arlequin ;
Trivelin leur riait au nez comme un faquin.
Parmi les ornements sculptés dans le treillage,
Colombine dormait dans un gros coquillage,

Et, quand elle montrait son sein et ses bras nus,
On eût cru voir la conque, et l'on eût dit Vénus.
Le seigneur Pantalon, dans une niche, à droite,
Vendait des limons doux sur une table étroite,
Et criait par instants : « Seigneurs, l'homme est divin.
« Dieu n'avait fait que l'eau, mais l'homme a fait le vin! »
Scaramouche en un coin harcelait de sa batte
Le tragique Alcantor, suivi du triste Arbate ;
Crispin, vêtu de noir, jouait de l'éventail ;
Perché, jambe pendante, au sommet du portail,
Carlino se penchait, écoutant les aubades,
Et son pied ébauchait de rêveuses gambades.

Le soleil tenait lieu de lustre ; la saison
Avait brodé de fleurs un immense gazon,
Vert tapis déroulé sous maint groupe folâtre.
Rangés des deux côtés de l'agreste théâtre,
Les vrais arbres du parc, les sorbiers, les lilas,
Les ébéniers qu'avril charge de falbalas,
De leur sève embaumée exhalant les délices,
Semblaient se divertir à faire les coulisses,
Et, pour nous voir, ouvrant leurs fleurs comme des yeux,
Joignaient aux violons leur murmure joyeux ;
Si bien qu'à ce concert gracieux et classique,
La nature mêlait un peu de sa musique.

Tout nous charmait, les bois, le jour serein, l'air pur,
Les femmes tout amour, et le ciel tout azur.

Pour la pièce, elle était fort bonne, quoique ancienne.
C'était, nonchalamment assis sur l'avant-scène,
Pierrot qui haranguait, dans un grave entretien,
Un singe timbalier à cheval sur un chien.

Rien de plus. C'était simple et beau. — Par intervalles,
Le singe faisait rage et cognait ses timbales;
Puis Pierrot répliquait. — Écoutait qui voulait.
L'un faisait apporter des glaces au valet;
L'autre, galant drapé d'une cape fantasque,
Parlait bas à sa dame en lui nouant son masque;
Trois marquis attablés chantaient une chanson;
Thérèse était assise à l'ombre d'un buisson :
Les roses pâlissaient à côté de sa joue,
Et, la voyant si belle, un paon faisait la roue.

Moi, j'écoutais, pensif, un profane couplet
Que fredonnait dans l'ombre un abbé violet.

La nuit vint, tout se tut; les flambeaux s'éteignirent;
Dans les bois assombris les sources se plaignirent;
Le rossignol, caché dans son nid ténébreux,
Chanta comme un poëte et comme un amoureux.
Chacun se dispersa sous les profonds feuillages;
Les folles en riant entraînèrent les sages;
L'amante s'en alla dans l'ombre avec l'amant;
Et, troublés comme on l'est en songe, vaguement,

Ils sentaient par degrés se mêler à leur âme,
A leurs discours secrets, à leurs regards de flamme,
A leur cœur, à leurs sens, à leur molle raison,
Le clair de lune bleu qui baignait l'horizon.

Avril 18...

XXIII

L'ENFANCE

L'enfant chantait ; la mère au lit, exténuée,
Agonisait, beau front dans l'ombre se penchant ;
La mort au-dessus d'elle errait dans la nuée ;
Et j'écoutais ce râle, et j'entendais ce chant.

L'enfant avait cinq ans, et, près de la fenêtre,
Ses rires et ses jeux faisaient un charmant bruit ;

Et la mère, à côté de ce pauvre doux être
Qui chantait tout le jour, toussait toute la nuit.

La mère alla dormir sous les dalles du cloître ;
Et le petit enfant se remit à chanter... —
La douleur est un fruit : Dieu ne le fait pas croître
Sur la branche trop faible encor pour le porter.

Paris, janvier 1835.

XXIV

Heureux l'homme, occupé de l'éternel destin,
Qui, tel qu'un voyageur qui part de grand matin,
Se réveille, l'esprit rempli de rêverie,
Et, dès l'aube du jour, se met à lire et prie!
A mesure qu'il lit, le jour vient lentement
Et se fait dans son âme ainsi qu'au firmament.
Il voit distinctement, à cette clarté blême,
Des choses dans sa chambre et d'autres en lui-même;
Tout dort dans la maison; il est seul, il le croit;
Et, cependant, fermant leur bouche de leur doigt,
Derrière lui, tandis que l'extase l'enivre,
Les anges souriants se penchent sur son livre.

Paris, septembre 1842.

XXV

UNITÉ

Par-dessus l'horizon aux collines brunies,
Le soleil, cette fleur des splendeurs infinies,
Se penchait sur la terre à l'heure du couchant;
Une humble marguerite, éclose au bord d'un champ,
Sur un mur gris, croulant parmi l'avoine folle,
Blanche, épanouissait sa candide auréole;
Et la petite fleur, par-dessus le vieux mur,
Regardait fixement, dans l'éternel azur,
Le grand astre épanchant sa lumière immortelle.
« Et, moi, j'ai des rayons aussi! » lui disait-elle.

Granville, juillet 1836

XXVI

QUELQUES MOTS A UN AUTRE.

On y revient ; il faut y revenir moi-même.
Ce qu'on attaque en moi, c'est mon temps, et je l'aime.
Certe, on me laisserait en paix, passant obscur,
Si je ne contenais, atome de l'azur,
Un peu du grand rayon dont notre époque est faite.

Hier le citoyen, aujourd'hui le poëte ;
Le « romantique » après le « libéral ». — Allons,
Soit ; dans mes deux sentiers mordez mes deux talons.

Je suis le ténébreux par qui tout dégénère.
Sur mon autre côté lancez l'autre tonnerre.

Vous aussi, vous m'avez vu tout jeune, et voici
Que vous me dénoncez, bonhomme, vous aussi;
Me déchirant le plus allégrement du monde,
Par attendrissement pour mon enfance blonde.
Vous me criez : « Comment, Monsieur ! qu'est-ce que c'est?
« La stance va nus pieds ! le drame est sans corset !
« La muse jette au vent sa robe d'innocence !
« Et l'art crève la règle et dit : « C'est la croissance ! »
Géronte littéraire aux aboiements plaintifs,
Vous vous ébahissez, en vers rétrospectifs,
Que ma voix trouble l'ordre, et que ce romantique
Vive, et que ce petit, à qui l'Art Poétique
Avec tant de bonté donna le pain et l'eau,
Devienne si pesant aux genoux de Boileau !
Vous regardez mes vers, pourvus d'ongles et d'ailes,
Refusant de marcher derrière les modèles,
Comme après les doyens marchent les petits clercs;
Vous en voyez sortir de sinistres éclairs;
Horreur ! et vous voilà poussant des cris d'hyène
A travers les barreaux de la Quotidienne.

Vous épuisez sur moi tout votre calepin,
Et le père Bouhours et le père Rapin;

Et m'écrasant avec tous les noms qu'on vénère,
Vous lâchez le grand mot : Révolutionnaire.

Et, sur ce, les pédants en chœur disent : Amen!
On m'empoigne ; on me fait passer mon examen;
La Sorbonne bredouille et l'école griffonne ;
De vingt plumes jaillit la colère bouffonne :
« Que veulent ces affreux novateurs? ça, des vers?
« Devant leurs livres noirs, la nuit, dans l'ombre ouverts,
« Les lectrices ont peur au fond de leurs alcôves.
« Le Pinde entend rugir leurs rimes bêtes fauves,
« Et frémit. Par leur faute aujourd'hui tout est mort ;
« L'alexandrin saisit la césure, et la mord ;
« Comme le sanglier dans l'herbe et dans la sauge,
« Au beau milieu du vers l'enjambement patauge;
« Que va-t-on devenir? Richelet s'obscurcit.
« Il faut à toute chose un magister dixit.
« Revenons à la règle, et sortons de l'opprobre;
« L'hippocrène est de l'eau; donc, le beau, c'est le sobre.
« Les vrais sages ayant la raison pour lien,
« Ont toujours consulté, sur l'art, Quintilien;
« Sur l'algèbre, Leibnitz; sur la guerre, Végèce. »

Quand l'impuissance écrit, elle signe : Sagesse.

Je ne vois pas pourquoi je ne vous dirais point
Ce qu'à d'autres j'ai dit sans leur montrer le poing.

Eh bien, démasquons-nous! c'est vrai, notre âme est noire;
Sortons du domino nommé forme oratoire.
On nous a vus, poussant vers un autre horizon
La langue, avec la rime entraînant la raison,
Lancer au pas de charge, en batailles rangées,
Sur Laharpe éperdu, toutes ces insurgées.
Nous avons au vieux style attaché ce brûlot :
Liberté! Nous avons, dans le même complot,
Mis l'esprit, pauvre diable, et le mot, pauvre hère;
Nous avons déchiré le capuchon, la haire,
Le froc, dont on couvrait l'Idée aux yeux divins.
Tous ont fait rage en foule. Orateurs, écrivains,
Poëtes, nous avons, du doigt avançant l'heure,
Dit à la rhétorique : — Allons, fille majeure,
Lève les yeux! — et j'ai, chantant, luttant, bravant,
Tordu plus d'une grille au parloir du couvent;
J'ai, torche en main, ouvert les deux battants du drame;
Pirates, nous avons, à la voile, à la rame,
De la triple unité pris l'aride archipel;
Sur l'Hélicon tremblant j'ai battu le rappel.
Tout est perdu! le vers vague sans muselière!
A Racine effaré nous préférons Molière;
O pédants! à Ducis nous préférons Rotrou.
Lucrèce Borgia sort brusquement d'un trou,
Et mêle des poisons hideux à vos guimauves;
Le drame échevelé fait peur à vos fronts chauves;
C'est horrible! oui, brigand, jacobin, malandrin,
J'ai disloqué ce grand niais d'alexandrin;

Les mots de qualité, les syllabes marquises,
Vivaient ensemble au fond de leurs grottes exquises,
Faisant la bouche en cœur et ne parlant qu'entre eux,
J'ai dit aux mots d'en bas : Manchots, boiteux, goîtreux,
Redressez-vous! planez, et mêlez-vous, sans règles,
Dans la caverne immense et farouche des aigles!
J'ai déjà confessé ce tas de crimes-là;
Oui, je suis Papavoine, Érostrate, Attila :
Après?

Emportez-vous, et criez à la garde,
Brave homme! tempêtez, tonnez! je vous regarde.
Nos progrès prétendus vous semblent outrageants;
Vous détestez ce siècle où, quand il parle aux gens,
Le vers des trois saluts d'usage se dispense;
Temps sombre où, sans pudeur, on écrit comme on pense,
Où l'on est philosophe et poëte crûment,
Où de ton vin sincère, adorable, écumant,
O sévère idéal, tous les songeurs sont ivres.
Vous couvrez d'abat-jour, quand vous ouvrez nos livres,
Vos yeux, par la clarté du mot propre brûlés;
Vous exécrez nos vers francs et vrais, vous hurlez
De fureur en voyant nos strophes toutes nues.
Mais où donc est le temps des nymphes ingénues,
Qui couraient dans les bois, et dont la nudité
Dansait dans la lueur des vagues soirs d'été?

Sur l'aube nue et blanche, entr'ouvrant sa fenêtre,
Faut-il plisser la brume honnête et prude, et mettre
Une feuille de vigne à l'astre dans l'azur?
Le flot, conque d'amour, est-il d'un goût peu sûr?
O Virgile, Pindare, Orphée! est-ce qu'on gaze,
Comme une obscénité, les ailes de Pégase,
Qui semble, les ouvrant au haut du mont béni,
L'immense papillon du baiser infini?
Est-ce que le soleil splendide est un cynique?
La fleur a-t-elle tort d'écarter sa tunique?
Calliope, planant derrière un pan des cieux,
Fait donc mal de montrer à Dante soucieux
Ses seins éblouissants à travers les étoiles?
Vous êtes un ancien d'hier. Libre et sans voiles,
Le grand Olympe nu vous ferait dire : Fi!
Vous mettez une jupe au Cupidon bouffi;
Au clinquant, aux neuf sœurs en atours, au Parnasse
De Titon du Tillet, votre goût est tenace;
Les Ménades pour vous danseraient le cancan;
Apollon vous ferait l'effet d'un Mohican;
Vous prendriez Vénus pour une sauvagesse.

L'âge — c'est là souvent toute notre sagesse —
A beau vous bougonner tout bas : « Vous avez tort,
« Vous vous ferez tousser si vous criez si fort;
« Pour quelques nouveautés sauvages et fortuites,
« Monsieur, ne troublez pas la paix de vos pituites.

« Ces gens-ci vont leur train ; qu'est-ce que ça vous fait ?
« Ils ne trouvent que cendre au feu qui vous chauffait.
« Pourquoi déclarez-vous la guerre à leur tapage ?
« Ce siècle est libéral comme vous fûtes page.
« Fermez bien vos volets, tirez bien vos rideaux,
« Soufflez votre chandelle, et tournez-lui le dos !
« Qu'est l'âme du vrai sage? Une sourde-muette.
« Que vous importe, à vous, que tel ou tel poëte,
« Comme l'oiseau des cieux, veuille avoir sa chanson ;
« Et que tel garnement du Pinde, nourrisson
« Des Muses, au milieu d'un bruit de corybante,
« Marmot sombre, ait mordu leur gorge un peu tombante ? »

Vous n'en tenez nul compte, et vous n'écoutez rien.
Voltaire, en vain, grand homme et peu voltairien,
Vous murmure à l'oreille : « Ami, tu nous assommes ! »
— Vous écumez ! — partant de ceci : que nous, hommes
De ce temps d'anarchie et d'enfer, nous donnons
L'assaut au grand Louis juché sur vingt grands noms ;
Vous dites qu'après tout nous perdons notre peine,
Que haute est l'escalade et courte notre haleine ;
Que c'est dit, que jamais nous ne réussirons ;
Que Batteux nous regarde avec ses gros yeux ronds,
Que Tancrède est de bronze et qu'Hamlet est de sable.
Vous déclarez Boileau perruque indéfrisable ;
Et, coiffé de lauriers, d'un coup d'œil de travers,
Vous indiquez le tas d'ordures de nos vers,

Fumier où la laideur de ce siècle se guinde
Au pauvre vieux bon goût, ce balayeur du Pinde ;
Et même, allant plus loin, vaillant, vous nous criez :
« Je vais vous balayer moi-même ! »

Balayez.

Paris, novembre 1834.

XXVII

Oui, je suis le rêveur; je suis le camarade
Des petites fleurs d'or du mur qui se dégrade,
Et l'interlocuteur des arbres et du vent.
Tout cela me connaît, voyez-vous. J'ai souvent,
En mai, quand de parfums les branches sont gonflées,
Des conversations avec les giroflées;
Je reçois des conseils du lierre et du bleuet.
L'être mystérieux, que vous croyez muet,
Sur moi se penche, et vient avec ma plume écrire.
J'entends ce qu'entendit Rabelais; je vois rire

Et pleurer; et j'entends ce qu'Orphée entendit.
Ne vous étonnez pas de tout ce que me dit
La nature aux soupirs ineffables. Je cause
Avec toutes les voix de la métempsycose.
Avant de commencer le grand concert sacré,
Le moineau, le buisson, l'eau vive dans le pré,
Laforêt, basse énorme, et l'aile et la corolle,
Tous ces doux instruments, m'adressent la parole;
Je suis l'habitué de l'orchestre divin;
Si je n'étais songeur, j'aurais été sylvain.
J'ai fini, grâce au calme en qui je me recueille,
A force de parler doucement à la feuille,
A la goutte de pluie, à la plume, au rayon,
Par descendre à ce point dans la création,
Cet abîme où frissonne un tremblement farouche,
Que je ne fais plus même envoler une mouche!
Le brin d'herbe, vibrant d'une éternel émoi,
S'apprivoise et devient familier avec moi,
Et, sans s'apercevoir que je suis là, les roses
Font avec les bourdons toutes sortes de choses;
Quelquefois, à travers les doux rameaux bénis,
J'avance largement ma face sur les nids,
Et le petit oiseau, mère inquiète et sainte,
N'a pas plus peur de moi que nous n'aurions de crainte,
Nous, si l'œil du bon Dieu regardait dans nos trous;
Le lys prude me voit approcher sans courroux,
Quand il s'ouvre aux baisers du jour; la violette
La plus pudique fait devant moi sa toilette;

Je suis pour ces beautés l'ami discret et sûr;
Et le frais papillon, libertin de l'azur,
Qui chiffonne gaîment une fleur demi-nue,
Si je viens à passer dans l'ombre, continue,
Et, si la fleur se veut cacher dans le gazon,
Il lui dit : « Es-tu bête! Il est de la maison. »

Les Roches, août 1835.

XXVIII

Il faut que le poëte, épris d'ombre et d'azur,
Esprit doux et splendide, au rayonnement pur,
Qui marche devant tous, éclairant ceux qui doutent,
Chanteur mystérieux qu'en tressaillant écoutent
Les femmes, les songeurs, les sages, les amants,
Devienne formidable à de certains moments.
Parfois, lorsqu'on se met à rêver sur son livre,
Où tout berce, éblouit, calme, caresse, enivre,
Où l'âme, à chaque pas, trouve à faire son miel,
Où les coins les plus noirs ont des lueurs du ciel;

Au milieu de cette humble et haute poésie,
Dans cette paix sacrée où croît la fleur choisie,
Où l'on entend couler les sources et les pleurs,
Où les strophes, oiseaux peints de mille couleurs,
Volent chantant l'amour, l'espérance et la joie;
Il faut que, par instants, on frissonne, et qu'on voie
Tout à coup, sombre, grave et terrible au passant,
Un vers fauve sortir de l'ombre en rugissant!
Il faut que le poëte, aux semences fécondes,
Soit comme ces forêts vertes, fraîches, profondes,
Pleines de chants, amour du vent et du rayon,
Charmantes, où, soudain, l'on rencontre un lion.

Paris, mai 1842.

XXIX

HALTE EN MARCHANT

Une brume couvrait l'horizon; maintenant,
Voici le clair midi qui surgit rayonnant;
Le brouillard se dissout en perles sur les branches,
Et brille, diamant, au collier des pervenches.
Le vent souffle à travers les arbres, sur les toits
Du hameau noir cachant ses chaumes dans les bois;

Et l'on voit tressaillir, épars dans les ramées,
Le vague arrachement des tremblantes fumées;
Un ruisseau court dans l'herbe, entre deux hauts talus,
Sous l'agitation des saules chevelus;
Un orme, un hêtre, anciens du vallon, arbres frères
Qui se donnent la main des deux rives contraires,
Semblent, sous le ciel bleu, dire : A la bonne foi!
L'oiseau chante son chant plein d'amour et d'effroi,
Et du frémissement des feuilles et des ailes;
L'étang luit sous le vol des vertes demoiselles.
Un bouge est là, montrant dans la sauge et le thym,
Un vieux saint souriant parmi des brocs d'étain,
Avec tant de rayons et de fleurs sur la berge,
Que c'est peut-être un temple ou peut-être une auberge.
Que notre bouche ait soif, ou que ce soit le cœur,
Gloire au Dieu bon qui tend la coupe au voyageur!
Nous entrons. « Qu'avez-vous?—Des œufs frais, de l'eau fraîche.
On croit voir l'humble toit effondré d'une crèche.
A la source du pré, qu'abrite un vert rideau,
Une enfant blonde alla remplir sa jarre d'eau,
Joyeuse et soulevant son jupon de futaine.
Pendant qu'elle plongeait sa cruche à la fontaine,
L'eau semblait admirer, gazouillant doucement,
Cette belle petite aux yeux de firmament.
Et moi, près du grand lit drapé de vieilles serges,
Pensif, je regardais un Christ battu de verges.
Eh! qu'importe l'outrage aux martyrs éclatants,
Affront de tous les lieux, crachat de tous les temps,

Vaine clameur d'aveugle, éternelle huée
Où la foule toujours s'est follement ruée!

Plus tard, le vagabond flagellé devient Dieu.
Ce front noir et saignant semble fait de ciel bleu,
Et, dans l'ombre, éclairant palais, temple, masure,
Le crucifix blanchit et Jésus-Christ s'azure.
La foule un jour suivra vos pas; allez, saignez,
Souffrez, penseurs, des pleurs de vos bourreaux baignés!
Le deuil sacre les saints, les sages, les génies;
La tremblante auréole éclôt aux gémonies,
Et, sur ce vil marais, flotte, lueur du ciel,
Du cloaque de sang feu follet éternel.
Toujours au même but le même sort ramène :
Il est, au plus profond de notre histoire humaine,
Une sorte de gouffre, où viennent, tour à tour,
Tomber tous ceux qui sont de la vie et du jour,
Les bons, les purs, les grands, les divins, les célèbres,
Flambeaux échevelés au souffle des ténèbres;
Là se sont engloutis les Dantes disparus,
Socrate, Scipion, Milton, Thomas Morus,
Eschyle, ayant aux mains des palmes frissonnantes.
Nuit d'où l'on voit sortir leurs mémoires planantes!
Car ils ne sont complets qu'après qu'ils sont déchus.
De l'exil d'Aristide, au bûcher de Jean Huss,
Le genre humain pensif — c'est ainsi que nous sommes —
Rêve ébloui devant l'abîme des grands hommes.

Ils sont, telle est la loi des hauts destins penchant,
Tes semblables, soleil ! leur gloire est leur couchant ;
Et, fier Niagara dont le flot gronde et lutte,
Tes pareils : ce qu'ils ont de plus beau, c'est leur chute.

Un de ceux qui liaient Jésus-Christ au poteau,
Et qui, sur son dos nu, jetaient un vil manteau,
Arracha de ce front tranquille une poignée
De cheveux qu'inondait la sueur résignée,
Et dit : « Je vais montrer à Caïphe cela ! »
Et, crispant son poing noir, cet homme s'en alla.
La nuit était venue et la rue était sombre ;
L'homme marchait ; soudain, il s'arrêta dans l'ombre,
Stupéfait, pâle, et comme en proie aux visions,
Frémissant ! — Il avait dans la main des rayons.

Forêt de Compiègne, juin 1837.

LIVRE DEUXIÈME

L'AME EN FLEUR

I

PREMIER MAI

Tout conjugue le verbe aimer. Voici les roses.
Je ne suis pas en train de parler d'autres choses;
Premier mai! l'amour gai, triste, brûlant, jaloux,
Fait soupirer les bois, les nids, les fleurs, les loups;
L'arbre où j'ai, l'autre automne, écrit une devise,
La redit pour son compte, et croit qu'il l'improvise;
Les vieux antres pensifs, dont rit le geai moqueur,
Clignent leur gros sourcils et font la bouche en cœur;
L'atmosphère, embaumée et tendre, semble pleine
Des déclarations qu'au Printemps fait la plaine,

Et que l'herbe amoureuse adresse au ciel charmant.
A chaque pas du jour dans le bleu firmament,
La campagne éperdue, et toujours plus éprise,
Prodigue les senteurs, et, dans la tiède brise,
Envoie au renouveau ses baisers odorants;
Tous ses bouquets, azurs, carmins, pourpres, safrans,
Dont l'haleine s'envole en murmurant : Je t'aime!
Sur le ravin, l'étang, le pré, le sillon même,
Font des taches partout de toutes les couleurs;
Et, donnant les parfums, elle a gardé les fleurs;
Comme si ses soupirs et ses tendres missives
Au mois de mai, qui rit dans les branches lascives,
Et tous les billets doux de son amour bavard,
Avaient laissé leur trace aux pages du buvard!

Les oiseaux dans les bois, molles voix étouffées,
Chantent des triolets et des rondeaux aux fées;
Tout semble confier à l'ombre un doux secret;
Tout aime, et tout l'avoue à voix basse; on dirait
Qu'au nord, au sud brûlant, au couchant, à l'aurore,
La haie en fleur, le lierre et la source sonore,
Les monts, les champs, les lacs et les chênes mouvants
Répètent un quatrain fait par les quatre vents,

Saint-Germain, 1er mai 18..

II

Mes vers fuiraient, doux et frêles,
Vers votre jardin si beau,
Si mes vers avaient des ailes,
Des ailes comme l'oiseau.

Ils voleraient, étincelles,
Vers votre foyer qui rit,

Si mes vers avaient des ailes,
Des ailes comme l'esprit.

Près de vous, purs et fidèles,
Ils accourraient nuit et jour,
Si mes vers avaient des ailes,
Des ailes comme l'amour.

Paris, mars 18...

III

LE ROUET D'OMPHALE

Il est dans l'atrium, le beau rouet d'ivoire.
La roue agile est blanche, et la quenouille est noire ;
La quenouille est d'ébène incrusté de lapis.
Il est dans l'atrium sur un riche tapis.

Un ouvrier d'Égine a sculpté sur la plinthe
Europe, dont un dieu n'écoute pas la plainte.

Le taureau blanc l'emporte. Europe, sans espoir,
Crie, et baissant les yeux, s'épouvante de voir
L'Océan monstrueux qui baise ses pieds roses.

Des aiguilles, du fil, des boîtes demi-closes,
Les laines de Milet, peintes de pourpre et d'or,
Emplissent un panier près du rouet qui dort.

Cependant, odieux, effroyables, énormes,
Dans le fond du palais, vingt fantômes difformes,
Vingt monstres tout sanglants, qu'on ne voit qu'à demi,
Errent en foule autour du rouet endormi :
Le lion néméen, l'hydre affreuse de Lerne,
Cacus, le noir brigand de la noire caverne,
Le triple Géryon, et les typhons des eaux,
Qui, le soir, à grand bruit, soufflent dans les roseaux;
De la massue au front tous ont l'empreinte horrible;
Et tous, sans approcher, rôdant d'un air terrible,
Sur le rouet, où pend un fil souple et lié,
Fixent de loin, dans l'ombre, un œil humilié.

Juin 18..

IV

CHANSON

Si vous n'avez rien à me dire,
Pourquoi venir auprès de moi?
Pourquoi me faire ce sourire
Qui tournerait la tête au roi?
Si vous n'avez rien à me dire,
Pourquoi venir auprès de moi?

Si vous n'avez rien à m'apprendre,
Pourquoi me pressez-vous la main?

Sur le rêve angélique et tendre,
Auquel vous songez en chemin,
Si vous n'avez rien à m'apprendre,
Pourquoi me pressez-vous la main?

Si vous voulez que je m'en aille,
Pourquoi passez-vous par ici?
Lorsque je vous vois, je tressaille :
C'est ma joie et c'est mon souci.
Si vous voulez que je m'en aille,
Pourquoi passez-vous par ici?

Mai 18..

V

HIER AU SOIR

Hier, le vent du soir, dont le souffle caresse,
Nous apportait l'odeur des fleurs qui s'ouvrent tard ;
La nuit tombait ; l'oiseau dormait dans l'ombre épaisse.
Le printemps embaumait, moins que votre jeunesse ;
Les astres rayonnaient, moins que votre regard.

Moi, je parlais tout bas. C'est l'heure solennelle
Où l'âme aime à chanter son hymne le plus doux.
Voyant la nuit si pure, et vous voyant si belle,
J'ai dit aux astres d'or : Versez le ciel sur elle!
Et j'ai dit à vos yeux : Versez l'amour sur nous!

Mai 18..

VI

LETTRE

Tu vois cela d'ici. Des ocres et des craies;
Plaines où les sillons croisent leurs mille raies,
Chaumes à fleur de terre et que masque un buisson;
Quelques meules de foin debout sur le gazon;
De vieux toits enfumant le paysage bistre;
Un fleuve qui n'est pas le Gange ou le Caystre,
Pauvre cours d'eau normand troublé de sels marins;
A droite, vers le nord, de bizarres terrains

Pleins d'angles qu'on dirait façonnés à la pelle;
Voilà les premiers plans; une ancienne chapelle
Y mêle son aiguille, et range à ses côtés
Quelques ormes tortus, aux profils irrités,
Qui semblent, fatigués du zéphyr qui s'en joue,
Faire une remontrance au vent qui les secoue.
Une grosse charrette, au coin de ma maison,
Se rouille; et, devant moi, j'ai le vaste horizon,
Dont la mer bleue emplit toutes les échancrures;
Des poules et des coqs, étalant leurs dorures,
Causent sous ma fenêtre, et les greniers des toits
Me jettent, par instants, des chansons en patois.
Dans mon allée habite un cordier patriarche,
Vieux qui fait bruyamment tourner sa roue, et marche
A reculons, son chanvre autour des reins tordu.
J'aime ces flots où court le grand vent éperdu;
Les champs à promener tout le jour me convient;
Les petits villageois, leur livre en main, m'envient,
Chez le maître d'école où je me suis logé,
Comme un grand écolier abusant d'un congé.
Le ciel rit, l'air est pur; tout le jour, chez mon hôte,
C'est un doux bruit d'enfants épelant à voix haute;
L'eau coule, un verdier passe; et, moi, je dis : Merci!
Merci, Dieu tout-puissant! — Ainsi je vis; ainsi,
Paisible, heure par heure, à petit bruit, j'épanche
Mes jours, tout en songeant à vous, ma beauté blanche!
J'écoute les enfants jaser, et, par moment,
Je vois en pleine mer, passer superbement,

Au-dessus des pignons du tranquille village,
Quelque navire ailé qui fait un long voyage,
Et fuit, sur l'Océan, par tous les vents traqué,
Qui, naguère dormait au port, le long du quai,
Et que n'ont retenu, loin des vagues jalouses,
Ni les pleurs des parents, ni l'effroi des épouses,
Ni le sombre reflet des écueils dans les eaux,
Ni l'importunité des sinistres oiseaux.

Près le Tréport, juin 18..

VII

Nous allions au verger cueillir des bigarreaux.
Avec ses beaux bras blancs en marbre de Paros,
Elle montait dans l'arbre et courbait une branche ;
Les feuilles frissonnaient au vent ; sa gorge blanche,
O Virgile, ondoyait dans l'ombre et le soleil ;
Ses petits doigts allaient chercher le fruit vermeil,
Semblable au feu qu'on voit dans le buisson qui flambe.
Je montais derrière elle ; elle montrait sa jambe,
Et disait : « Taisez-vous ! » à mes regards ardents ;
Et chantait. Par moments, entre ses belles dents,

Pareille, aux chansons près, à Diane farouche,
Penchée, elle m'offrait la cerise à sa bouche ;
Et ma bouche riait, et venait s'y poser,
Et laissait la cerise et prenait le baiser.

Triel, juillet 18..

VIII

Tu peux, comme il te plaît, me faire jeune ou vieux.
Comme le soleil fait serein ou pluvieux
L'azur dont il est l'âme et que sa clarté dore,
Tu peux m'emplir de brume ou m'inonder d'aurore.
Du haut de ta splendeur, si pure qu'en ses plis,
Tu sembles une femme enfermée en un lis,
Et qu'à d'autres moments, l'œil qu'éblouit ton âme
Croit voir, en te voyant, un lys dans une femme.
Si tu m'as souri, Dieu! tout mon être bondit!
Si, Madame, au milieu de tous, vous m'avez dit,

A haute voix : « Bonjour, Monsieur », et bas : « Je t'aime ! »
Si tu m'as caressé de ton regard suprême,
Je vis ! je suis léger, je suis fier, je suis grand ;
Ta prunelle m'éclaire en me transfigurant ;
J'ai le reflet charmant des yeux dont tu m'accueilles ;
Comme on sent dans un bois des ailes sous les feuilles,
On sent de la gaîté sous chacun de mes mots ;
Je cours, je vais, je ris ; plus d'ennuis, plus de maux ;
Et je chante, et voilà sur mon front la jeunesse !
Mais que ton cœur injuste, un jour, me méconnaisse ;
Qu'il me faille porter en moi, jusqu'à demain,
L'énigme de ta main retirée à ma main ;
— Qu'ai-je fait ? qu'avait-elle ? Elle avait quelque chose.
Pourquoi, dans la rumeur du salon où l'on cause,
Personne n'entendant, me disait-elle *vous ?* —
Si je ne sais quel froid dans ton regard si doux
A passé comme passe au ciel une nuée,
Je sens mon âme en moi toute diminuée ;
Je m'en vais, courbé, las, sombre comme un aïeul ;
Il semble que sur moi, secouant son linceul,
Se soit soudain penché le noir vieillard Décembre ;
Comme un loup dans son trou, je rentre dans ma chambre ;
Le chagrin — âge et deuil, hélas ! ont le même air, —
Assombrit chaque trait de mon visage amer,
Et m'y creuse une ride avec sa main pesante.
Joyeux, j'ai vingt-cinq ans ; triste, j'en ai soixante.

Paris, juin 18..

IX

EN ÉCOUTANT LES OISEAUX

Oh! quand donc aurez-vous fini, petits oiseaux,
De jaser au milieu des branches et des eaux,
Que nous nous expliquions et que je vous querelle?
Rouge-gorge, verdier, fauvette, tourterelle,
Oiseaux, je vous entends, je vous connais. Sachez
Que je ne suis pas dupe, ô doux ténors cachés,
De votre mélodie et de votre langage.
Celle que j'aime est loin et pense à moi; je gage,
O rossignol dont l'hymne, exquis et gracieux,
Donne un frémissement à l'astre dans les cieux,

Que ce que tu dis là, c'est le chant de son âme.
Vous guettez les soupirs de l'homme et de la femme,
Oiseaux ; quand nous aimons et quand nous triomphons,
Quand notre être, tout bas, s'exhale en chants profonds,
Vous, attentifs, parmi les bois inaccessibles,
Vous saisissez au vol ces strophes invisibles,
Et vous les répétez tout haut, comme de vous ;
Et vous mêlez, pour rendre encor l'hymne plus doux,
A la chanson des cœurs, le battement des ailes ;
Si bien qu'on vous admire, écouteurs infidèles,
Et que le noir sapin murmure aux vieux tilleuls :
« Sont-ils charmants d'avoir trouvé cela tout seuls ! »
Et que l'eau, palpitant sous le chant qui l'effleure,
Baise avec un sanglot le beau saule qui pleure ;
Et que le dur tronc d'arbre a des airs attendris ;
Et que l'épervier rêve, oubliant la perdrix ;
Et que les loups s'en vont songer auprès des louves !
« Divin ! » dit le hibou ; le moineau dit : « Tu trouves ? »
Amour, lorsqu'en nos cœurs tu te réfugias,
L'oiseau vint y puiser ; ce sont ces plagiats,
Ces chants qu'un rossignol, belles, prend sur vos bouches,
Qui font que les grands bois courbent leurs fronts farouches
Et que les lourds rochers, stupides et ravis,
Se penchent, les laissant piller le chènevis,
Et ne distinguent plus, dans leurs rêves étranges,
La langue des oiseaux de la langue des anges.

Caudebec, septembre 183..

X

Mon bras pressait ta taille frêle
Et souple comme le roseau ;
Ton sein palpitait comme l'aile
D'un jeune oiseau.

Longtemps muets, nous contemplâmes
Le ciel où s'éteignait le jour.

Que se passait-il dans nos âmes ?
Amour ! amour !

Comme un ange qui se dévoile,
Tu me regardais, dans ma nuit,
Avec ton beau regard d'étoile,
Qui m'éblouit.

Forêt de Fontainebleau, juillet 18..

XI

Les femmes sont sur la terre
Pour tout idéaliser;
L'univers est un mystère
Que commente leur baiser.

C'est l'amour qui, pour ceinture,
A l'onde et le firmament,
Et dont toute la nature,
N'est, au fond, que l'ornement.

Tout ce qui brille, offre à l'âme
Son parfum ou sa couleur ;
Si Dieu n'avait fait la femme,
Il n'aurait pas fait la fleur.

A quoi bon vos étincelles,
Bleus saphirs, sans les yeux doux ?
Les diamants, sans les belles,
Ne sont plus que des cailloux ;

Et, dans les charmilles vertes,
Les roses dorment debout,
Et sont des bouches ouvertes
Pour ne rien dire du tout.

Tout objet qui charme ou rêve
Tient des femmes sa clarté ;
La perle blanche, sans Ève,
Sans toi, ma fière beauté,

Ressemblant, tout enlaidie,
A mon amour qui te fuit,
N'est plus que la maladie
D'une bête dans la nuit.

Paris, avril 18..

XII

ÉGLOGUE

Nous errions, elle et moi, dans les monts de Sicile.
Elle est fière pour tous et pour moi seul docile.
Les cieux et nos pensers rayonnaient à la fois.
Oh ! comme aux lieux déserts les cœurs sont peu farouches !
Que de fleurs aux buissons, que de baisers aux bouches,
Quand on est dans l'ombre des bois !

Pareils à deux oiseaux qui vont de cime en cime,
Nous parvînmes enfin tout au bord d'un abîme.

Elle osa s'approcher de ce sombre entonnoir ;
Et, quoique mainte épine offensât ses mains blanches,
Nous tâchâmes, penchés et nous tenant aux branches,
D'en voir le fond lugubre et noir.

En ce même moment, un titan centenaire,
Qui venait d'y rouler sous vingt coups de tonnerre,
Se tordait dans ce gouffre où le jour n'ose entrer ;
Et d'horribles vautours au bec impitoyable,
Attirés par le bruit de sa chute effroyable,
Commençaient à le dévorer.

Alors, elle me dit : « J'ai peur qu'on ne nous voie !
« Cherchons un antre afin d'y cacher notre joie !
« Vois ce pauvre géant ! nous aurions notre tour !
« Car les dieux envieux qui l'ont fait disparaître,
« Et qui furent jaloux de sa grandeur, peut-être
« Seraient jaloux de notre amour ! »

Septembre 18..

XIII

Viens! — une flûte invisible
Soupire dans les vergers. —
La chanson la plus paisible
Est la chanson des bergers.

Le vent ride, sous l'yeuse,
Le sombre miroir des eaux. —

La chanson la plus joyeuse
Est la chanson des oiseaux.

Que nul soin ne te tourmente.
Aimons-nous ! aimons toujours ! —
La chanson la plus charmante
Est la chanson des amours.

Les Metz, août 18..

XIV

BILLET DU MATIN

Si les liens des cœurs ne sont pas des mensonges,
Oh ! dites, vous devez avoir eu de doux songes,
Je n'ai fait que rêver de vous toute la nuit.
Et nous nous aimions tant ! vous me disiez : « Tout fuit,
« Tout s'éteint, tout s'en va ; ta seule image reste. »
Nous devions être morts dans ce rêve céleste ;
Il semblait que c'était déjà le paradis.
Oh ! oui, nous étions morts, bien sûr ; je vous le dis.
Nous avions tous les deux la forme de nos âmes.
Tout ce que, l'un de l'autre, ici-bas nous aimâmes

Composait notre corps de flamme et de rayons,
Et, naturellement, nous nous reconnaissions.
Il nous apparaissait des visages d'aurore
Qui nous disaient : « C'est moi! » la lumière sonore
Chantait; et nous étions des frissons et des voix.
Vous me disiez : « Écoute! » et je répondais : « Vois! »
Je disais : « Viens-nous-en dans les profondeurs sombres ;
« Vivons ; c'est autrefois que nous étions des ombres. »
Et, mêlant nos appels et nos cris : « Viens! oh! viens!
« Et moi, je me rappelle, et toi, tu te souviens. »
Éblouis, nous chantions : — C'est nous-mêmes qui sommes
Tout ce qui nous semblait, sur la terre des hommes,
Bon, juste, grand, sublime, ineffable et charmant ;
Nous sommes le regard et le rayonnement;
Le sourire de l'aube et l'odeur de la rose,
C'est nous ; l'astre est le nid où notre aile se pose ;
Nous avons l'infini pour sphère et pour milieu,
L'éternité pour âge ; et, notre amour, c'est Dieu.

Paris, juin 18..

XV

PAROLES DANS L'OMBRE

Elle disait : C'est vrai, j'ai tort de vouloir mieux ;
Les heures sont ainsi très-doucement passées ;
Vous êtes là ; mes yeux ne quittent pas vos yeux,
Où je regarde aller et venir vos pensées.

Vous voir est un bonheur ; je ne l'ai pas complet.
Sans doute, c'est encor bien charmant de la sorte !
Je veille, car je sais tout ce qui vous déplaît,
A ce que nul fâcheux ne vienne ouvrir la porte ;

Je me fais bien petite, en mon coin, près de vous ;
Vous êtes mon lion, je suis votre colombe ;
J'entends de vos papiers le bruit paisible et doux ;
Je ramasse parfois votre plume qui tombe ;

Sans doute, je vous ai ; sans doute, je vous voi.
La pensée est un vin dont les rêveurs sont ivres,
Je le sais ; mais, pourtant, je veux qu'on songe à moi.
Quand vous êtes ainsi tout un soir dans vos livres,

Sans relever la tête et sans me dire un mot,
Une ombre reste au fond de mon cœur qui vous aime ;
Et, pour que je vous voie entièrement, il faut
Me regarder un peu, de temps en temps, vous-même.

Paris, octobre 18..

XVI

L'hirondelle au printemps cherche les vieilles tours,
Débris où n'est plus l'homme, où la vie est toujours;
La fauvette en avril cherche, ô ma bien-aimée,
La forêt sombre et fraîche et l'épaisse ramée,
La mousse, et, dans les nœuds des branches, les doux toits
Qu'en se superposant font les feuilles des bois.
Ainsi fait l'oiseau. Nous, nous cherchons, dans la ville,
Le coin désert, l'abri solitaire et tranquille,
Le seuil qui n'a pas d'yeux obliques et méchants,
La rue où les volets sont fermés; dans les champs,

Nous cherchons le sentier du pâtre et du poëte;
Dans les bois, la clairière inconnue et muette
Où le silence éteint les bruits lointains et sourds.
L'oiseau cache son nid, nous cachons nos amours.

Fontainebleau, juin 18..

XVII

SOUS LES ARBRES

Ils marchaient à côté l'un de l'autre ; des danses
Troublaient le bois joyeux ; ils marchaient, s'arrêtaient,
Parlaient, s'interrompaient, et, pendant les silences,
Leurs bouches se taisant, leurs âmes chuchotaient.

Ils songeaient ; ces deux cœurs, que le mystère écoute,
Sur la création au sourire innocent
Penchés, et s'y versant dans l'ombre goutte à goutte,
Disaient à chaque fleur quelque chose en passant.

Elle sait tous les noms des fleurs qu'en sa corbeille
Mai nous rapporte avec la joie et les beaux jours;
Elle les lui nommait comme eût fait une abeille,
Puis elle reprenait : « Parlons de nos amours.

« Je suis en haut, je suis en bas, » lui disait-elle,
« Et je veille sur vous, d'en bas comme d'en haut. »
Il demandait comment chaque plante s'appelle,
Se faisant expliquer le printemps mot à mot.

O champs! il savourait ces fleurs et cette femme.
O bois! ô prés! nature où tout s'absorbe en un,
Le parfum de la fleur est votre petite âme,
Et l'âme de la femme est votre grand parfum!

La nuit tombait; au tronc d'un chêne, noir pilastre,
Il s'adossait pensif; elle disait : « Voyez
« Ma prière toujours dans vos cieux comme un astre,
« Et mon amour toujours comme un chien à tes pieds. »

Juin 18..

XVIII

Je sais bien qu'il est d'usage
D'aller en tous lieux criant
Que l'homme est d'autant plus sage
Qu'il rêve plus de néant ;

D'applaudir la grandeur noire,
Les héros, le fer qui luit,
Et la guerre, cette gloire
Qu'on fait avec de la nuit ;

D'admirer les coups d'épée,
Et la fortune, ce char
Dont une roue est Pompée,
Dont l'autre roue est César ;

Et Pharsale et Trasimène,
Et tout ce que les Nérons
Font voler de cendre humaine
Dans le souffle des clairons!

Je sais que c'est la coutume
D'adorer ces nains géants
Qui, parce qu'ils sont écume,
Se supposent océans;

Et de croire à la poussière,
A la fanfare qui fuit,
Aux pyramides de pierre,
Aux avalanches de bruit.

Moi, je préfère, ô fontaines!
Moi, je préfère, ô ruisseaux!
Au Dieu des grands capitaines,
Le Dieu des petits oiseaux!

O mon doux ange, en ces ombres
Où, nous aimant, nous brillons,

Au Dieu des ouragans sombres
Qui poussent les bataillons,

Au Dieu des vastes armées,
Des canons au lourd essieu,
Des flammes et des fumées,
Je préfère le bon Dieu!

Le bon Dieu, qui veut qu'on aime,
Qui met au cœur de l'amant
Le premier vers du poëme,
Le dernier au firmament!

Qui songe à l'aile qui pousse,
Aux œufs blancs, au nid troublé,
Si la caille a de la mousse,
Et si la grive a du blé;

Et qui fait, pour les Orphées,
Tenir, immense et subtil,
Tout le doux monde des fées
Dans le vert bourgeon d'avril!

Si bien, que cela s'envole
Et se disperse au printemps,
Et qu'une vague auréole
Sort de tous les nids chantants!

Vois-tu, quoique notre gloire
Brille en ce que nous créons,
Et dans notre grande histoire
Pleine de grands panthéons;

Quoique nous ayons des glaives,
Des temples, Chéops, Babel,
Des tours, des palais, des rêves,
Et des tombeaux jusqu'au ciel;

Il resterait peu de choses
A l'homme, qui vit un jour,
Si Dieu nous ôtait les roses,
Si Dieu nous ôtait l'amour!

Chelles, septembre 18..

XIX

N'ENVIONS RIEN

O femme, pensée aimante
    Et cœur souffrant,
Vous trouvez la fleur charmante
    Et l'oiseau grand;

Vous enviez la pelouse
    Aux fleurs de miel;
Vous voulez que je jalouse
    L'oiseau du ciel.

Vous dites, beauté superbe
Au front terni,
Regardant tour à tour l'herbe
Et l'infini :

« Leur existence est la bonne ;
« Là, tout est beau ;
« Là, sur la fleur qui rayonne,
« Plane l'oiseau !

« Près de vous, aile bénie,
« Lys enchanté,
« Qu'est-ce, hélas ! que le génie
« Et la beauté?

« Fleur pure, alouette agile,
« A vous le prix !
« Toi, tu dépasses Virgile ;
« Toi, Lycoris !

« Quel vol profond dans l'air sombre !
« Quels doux parfums ! — »
Et des pleurs brillent sous l'ombre
De vos cils bruns.

Oui, contemplez l'hirondelle,
Les liserons ;

Mais ne vous plaignez pas, belle,
Car nous mourrons!

Car nous irons dans la sphère
De l'éther pur ;
La femme y sera lumière,
Et l'homme azur ;

Et les roses sont moins belles
Que les houris ;
Et les oiseaux ont moins d'ailes
Que les esprits!

Août 18..

XX

IL FAIT FROID

L'hiver blanchit le dur chemin.
Tes jours aux méchants sont en proie.
La bise mord ta douce main ;
La haine souffle sur ta joie.

La neige emplit le noir sillon.
La lumière est diminuée... —
Ferme ta porte à l'aquilon !
Ferme ta vitre à la nuée !

Et puis laisse ton cœur ouvert !
Le cœur, c'est la sainte fenêtre.
Le soleil de brume est couvert ;
Mais Dieu va rayonner peut-être !

Doute du bonheur, fruit mortel ;
Doute de l'homme plein d'envie ;
Doute du prêtre et de l'autel ;
Mais crois à l'amour, ô ma vie !

Crois à l'amour, toujours entier,
Toujours brillant sous tous les voiles !
A l'amour, tison du foyer !
A l'amour, rayon des étoiles !

Aime et ne désespère pas.
Dans ton âme où parfois je passe,
Où mes vers chuchotent tout bas,
Laisse chaque chose à sa place.

La fidélité sans ennui,
La paix des vertus élevées,
Et l'indulgence pour autrui,
Éponge des fautes lavées.

Dans ta pensée où tout est beau,
Que rien ne tombe ou ne recule.

Fais de ton amour ton flambeau.
On s'éclaire de ce qui brûle.

A ces démons d'inimitié,
Oppose ta douceur sereine,
Et reverse-leur en pitié
Tout ce qu'ils t'ont vomi de haine.

La haine, c'est l'hiver du cœur.
Plains-les! mais garde ton courage.
Garde ton sourire vainqueur;
Bel arc-en-ciel, sors de l'orage!

Garde ton amour éternel.
L'hiver, l'astre éteint-il sa flamme?
Dieu ne retire rien du ciel;
Ne retire rien de ton âme!

Décembre 18..

XXI

Il lui disait : « Vois-tu, si tous deux nous pouvions,
« L'âme pleine de foi, le cœur plein de rayons,
« Ivres de douce extase et de mélancolie,
« Rompre les mille nœuds dont la ville nous lie ;
« Si nous pouvions quitter ce Paris triste et fou,
« Nous fuirions ; nous irions quelque part, n'importe où,
« Chercher loin des vains bruits, loin des haines jalouses,
« Un coin où nous aurions des arbres, des pelouses,

« Une maison petite avec des fleurs, un peu
« De solitude, un peu de silence, un ciel bleu,
« La chanson d'un oiseau qui sur le toit se pose,
De l'ombre ; — et quel besoin avons-nous d'autre chose? »

Juillet 18..

XXII

Aimons toujours! aimons encore!
Quand l'amour s'en va, l'espoir fuit.
L'amour, c'est le cri de l'aurore,
L'amour, c'est l'hymne de la nuit.

Ce que le flot dit aux rivages,
Ce que le vent dit aux vieux monts,
Ce que l'astre dit aux nuages,
C'est le mot ineffable : Aimons!

L'amour fait songer, vivre et croire.
Il a, pour réchauffer le cœur,
Un rayon de plus que la gloire,
Et ce rayon, c'est le bonheur!

Aime! qu'on les loue ou les blâme,
Toujours les grands cœurs aimeront :
Joins cette jeunesse de l'âme
A la jeunesse de ton front!

Aime, afin de charmer tes heures!
Afin qu'on voie en tes beaux yeux
Des voluptés intérieures
Le sourire mystérieux!

Aimons-nous toujours davantage!
Unissons-nous mieux chaque jour.
Les arbres croissent en feuillage;
Que notre âme croisse en amour!

Soyons le miroir et l'image!
Soyons la fleur et le parfum!
Les amants, qui, seuls sous l'ombrage,
Se sentent deux et ne sont qu'un!

Les poëtes cherchent les belles.
La femme, ange aux chastes faveurs,

Aime à rafraîchir sous ses ailes
Ces grands fronts brûlants et rêveurs.

Venez à nous, beautés touchantes!
Viens à moi, toi, mon bien, ma loi!
Ange! viens à moi quand tu chantes,
Et, quand tu pleures, viens à moi!

Nous seuls comprenons vos extases;
Car notre esprit n'est point moqueur;
Car les poëtes sont les vases
Où les femmes versent leur cœur.

Moi qui ne cherche dans ce monde
Que la seule réalité,
Moi qui laisse fuir comme l'onde
Tout ce qui n'est que vanité,

Je préfère, aux biens dont s'enivre
L'orgueil du soldat ou du roi,
L'ombre que tu fais sur mon livre
Quand ton front se penche sur moi.

Toute ambition allumée
Dans notre esprit, brasier subtil,
Tombe en cendre ou vole en fumée;
Et l'on se dit : « Qu'en reste-t-il? »

Tout plaisir, fleur à peine éclose
Dans notre avril sombre et terni,
S'effeuille et meurt, lys, myrte ou rose,
Et l'on se dit : « C'est donc fini ! »

L'amour seul reste. O noble femme,
Si tu veux, dans ce vil séjour,
Garder ta foi, garder ton âme,
Garder ton Dieu, garde l'amour !

Conserve en ton cœur, sans rien craindre,
Dusses-tu pleurer et souffrir,
La flamme qui ne peut s'éteindre
Et la fleur qui ne peut mourir !

Mai 18..

XXIII

APRÈS L'HIVER

Tout revit, ma bien-aimée !
Le ciel gris perd sa pâleur ;
Quand la terre est embaumée,
Le cœur de l'homme est meilleur.

En haut, d'où l'amour ruisselle,
En bas, où meurt la douleur,
La même immense étincelle
Allume l'astre et la fleur.

L'hiver fuit, saison d'alarmes,
Noir avril mystérieux
Où l'âpre sève des larmes
Coule, et du cœur monte aux yeux.

O douce désuétude
De souffrir et de pleurer!
Veux-tu, dans la solitude,
Nous mettre à nous adorer?

La branche au soleil se dore
Et penche, pour l'abriter,
Ses boutons qui vont éclore
Sur l'oiseau qui va chanter.

L'aurore où nous nous aimâmes
Semble renaître à nos yeux;
Et mai sourit dans nos âmes
Comme il sourit dans les cieux.

On entend rire, on voit luire
Tous les êtres tour à tour,
La nuit, les astres bruire,
Et les abeilles, le jour.

Et partout nos regards lisent,
Et, dans l'herbe et dans les nids,

De petites voix nous disent :
« Les aimants sont les bénis ! »

L'air enivre ; tu reposes
A mon cou tes bras vainqueurs. —
Sur les rosiers que de roses !
Que de soupirs dans nos cœurs !

Comme l'aube, tu me charmes ;
Ta bouche et tes yeux chéris
Ont, quand tu pleures, ses larmes,
Et ses perles quand tu ris.

La nature, sœur jumelle
D'Ève et d'Adam et du jour,
Nous aime, nous berce et mêle
Son mystère à notre amour.

Il suffit que tu paraisses
Pour que le ciel, t'adorant,
Te contemple ; et, nos caresses,
Toute l'ombre nous les rend !

Clartés et parfums nous-mêmes,
Nous baignons nos cœurs heureux
Dans les effluves suprêmes
Des éléments amoureux.

Et, sans qu'un souci t'oppresse,
Sans que ce soit mon tourment,
J'ai l'étoile pour maîtresse ;
Le soleil est ton amant ;

Et nous donnons notre fièvre
Aux fleurs où nous appuyons
Nos bouches, et notre lèvre
Sent le baiser des rayons.

Juin 18..

XXIV

Que le sort, quel qu'il soit, vous trouve toujours grande !
Que demain soit doux comme hier !
Qu'en vous, ô ma beauté, jamais ne se répande
Le découragement amer,
Ni le fiel, ni l'ennui des cœurs qui se dénouent,
Ni cette cendre, hélas ! que sur un front pâli,
Dans l'ombre, à petit bruit secouent
Les froides ailes de l'oubli !

Laissez, laissez brûler pour vous, ô vous que j'aime!
Mes chants dans mon âme allumés!
Vivez pour la nature, et le ciel, et moi-même!
Après avoir souffert, aimez!
Laissez entrer en vous, après nos deuils funèbres,
L'aube, fille des nuits, l'amour, fils des douleurs,
Tout ce qui luit dans les ténèbres,
Tout ce qui sourit dans les pleurs!

Octobre 18..

XXV

Je respire où tu palpites,
Tu sais ; à quoi bon, hélas !
Rester là si tu me quittes,
Et vivre si tu t'en vas ?

A quoi bon vivre, étant l'ombre
De cet ange qui s'enfuit !
A quoi bon, sous le ciel sombre,
N'être plus que de la nuit ?

Je suis la fleur des murailles,
Dont avril est le seul bien.
Il suffit que tu t'en ailles
Pour qu'il ne reste plus rien.

Tu m'entoures d'auréoles ;
Te voir est mon seul souci.
Il suffit que tu t'envoles
Pour que je m'envole aussi.

Si tu pars, mon front se penche ;
Mon âme au ciel, son berceau,
Fuira, car dans ta main blanche
Tu tiens ce sauvage oiseau.

Que veux-tu que je devienne,
Si je n'entends plus ton pas ?
Est-ce ta vie ou la mienne
Qui s'en va. Je ne sais pas.

Quand mon courage succombe,
J'en reprends dans ton cœur pur ;
Je suis comme la colombe
Qui vient boire au lac d'azur.

L'amour fait comprendre à l'âme
L'univers, sombre et béni ;

Et cette petite flamme
Seule éclaire l'infini.

Sans toi, toute la nature
N'est plus qu'un cachot fermé,
Où je vais à l'aventure,
Pâle et n'étant plus aimé.

Sans toi, tout s'effeuille et tombe;
L'ombre emplit mon noir sourcil;
Une fête est une tombe,
La patrie est un exil.

Je t'implore et te réclame;
Ne fuis pas loin de mes maux,
O fauvette de mon âme
Qui chantes dans mes rameaux!

De quoi puis-je avoir envie,
De quoi puis-je avoir effroi,
Que ferai-je de la vie,
Si tu n'es plus près de moi?

Tu portes dans la lumière,
Tu portes dans les buissons,
Sur une aile ma prière,
Et sur l'autre mes chansons.

Que dirai-je aux champs que voile
L'inconsolable douleur?
Que ferai-je de l'étoile?
Que ferai-je de la fleur?

Que dirai-je au bois morose
Qu'illuminait ta douceur?
Que répondrai-je à la rose
Disant : « Où donc est ma sœur? »

J'en mourrai ; fuis, si tu l'oses.
A quoi bon, jours révolus!
Regarder toutes ces choses
Qu'elle ne regarde plus?

Que ferai-je de la lyre,
De la vertu, du destin?
Hélas! et, sans ton sourire,
Que ferai-je du matin?

Que ferai-je seul, farouche,
Sans toi, du jour et des cieux,
De mes baisers sans ta bouche,
Et de mes pleurs sans tes yeux!

Août 18..

XXVI

CRÉPUSCULE

L'étang mystérieux, suaire aux blanches moires,
Frissonne ; au fond du bois, la clairière apparaît ;
Les arbres sont profonds et les branches sont noires ;
Avez-vous vu Vénus à travers la forêt ?

Avez-vous vu Vénus au sommet des collines ?
Vous qui passez dans l'ombre, êtes-vous des amants ?
Les sentiers bruns sont pleins de blanches mousselines ;
L'herbe s'éveille et parle aux sépulcres dormants.

Que dit-il, le brin d'herbe? et que répond la tombe?
Aimez, vous qui vivez! on a froid sous les ifs.
Lèvre, cherche la bouche! aimez-vous! la nuit tombe;
Soyez heureux pendant que nous sommes pensifs.

Dieu veut qu'on ait aimé. Vivez! faites envie,
O couples qui passez sous le vert coudrier.
Tout ce que dans la tombe, en sortant de la vie,
On emporta d'amour, on l'emploie à prier.

Les mortes d'aujourd'hui furent jadis les belles.
Le ver luisant dans l'ombre erre avec son flambeau.
Le vent fait tressaillir, au milieu des javelles,
Le brin d'herbe, et Dieu fait tressaillir le tombeau.

La forme d'un toit noir dessine une chaumière;
On entend dans les prés le pas lourd du faucheur;
L'étoile aux cieux, ainsi qu'une fleur de lumière,
Ouvre et fait rayonner sa splendide fraîcheur.

Aimez-vous! c'est le mois où les fraises sont mûres.
L'ange du soir rêveur, qui flotte dans les vents,
Mêle, en les emportant sur ses ailes obscures,
Les prières des morts aux baisers des vivants.

Chelles, août 18..

XXVII

LA NICHÉE SOUS LE PORTAIL

Oui, va prier à l'église,
Va ; mais regarde en passant,
Sous la vieille voûte grise,
Ce petit nid innocent.

Aux grands temples où l'on prie,
Le martinet, frais et pur,

Suspend la maçonnerie
Qui contient le plus d'azur.

La couvée est dans la mousse
Du portail qui s'attendrit ;
Elle sent la chaleur douce
Des ailes de Jésus-Christ.

L'église, où l'ombre flamboie,
Vibre, émue à ce doux bruit ;
Les oiseaux sont pleins de joie,
La pierre est pleine de nuit.

Les saints, graves personnages
Sous les porches palpitants,
Aiment ces doux voisinages
Du baiser et du printemps.

Les vierges et les prophètes
Se penchent dans l'âpre tour,
Sur ces ruches d'oiseaux faites
Pour le divin miel amour.

L'oiseau se perche sur l'ange ;
L'apôtre rit sous l'arceau.
« Bonjour, saint ! » dit la mésange.
Le saint dit : « Bonjour, oiseau ! »

Les cathédrales sont belles
Et hautes sous le ciel bleu;
Mais le nid des hirondelles
Est l'édifice de Dieu.

Lagny, juin 18..

XXVIII

UN SOIR

QUE JE REGARDAIS LE CIEL

Elle me dit, un soir, en souriant :
— Ami, pourquoi contemplez-vous sans cesse
Le jour qui fuit, ou l'ombre qui s'abaisse,
Ou l'astre d'or qui monte à l'orient?
Que font vos yeux là-haut? je les réclame.
Quittez le ciel ; regardez dans mon âme !

Dans ce ciel vaste, ombre où vous vous plaisez,
Où vos regards démesurés vont lire,

Qu'apprendrez-vous qui vaille mon sourire?
Qu'apprendras-tu qui vaille nos baisers?
Oh! de mon cœur lève les chastes voiles.
Si tu savais comme il est plein d'étoiles!

Que de soleils! vois-tu, quand nous aimons,
Tout est en nous un radieux spectacle.
Le dévouement, rayonnant sur l'obstacle,
Vaut bien Vénus qui brille sur les monts.
Le vaste azur n'est rien, je te l'atteste;
Le ciel que j'ai dans l'âme est plus céleste!

C'est beau de voir un astre s'allumer.
Le monde est plein de merveilleuses choses.
Douce est l'aurore, et douces sont les roses.
Rien n'est si doux que le charme d'aimer!
La clarté vraie et la meilleure flamme,
C'est le rayon qui va de l'âme à l'âme!

L'amour vaut mieux, au fond des antres frais,
Que ces soleils qu'on ignore et qu'on nomme.
Dieu mit, sachant ce qui convient à l'homme,
Le ciel bien loin et la femme tout près.
Il dit à ceux qui scrutent l'azur sombre:
« Vivez! aimez! le reste, c'est mon ombre! »

Aimons! c'est tout. Et Dieu le veut ainsi.
Laisse ton ciel que de froids rayons dorent!
Tu trouveras, dans deux yeux qui t'adorent,
Plus de beauté, plus de lumière aussi!
Aimer, c'est voir, sentir, rêver, comprendre.
L'esprit plus grand s'ajoute au cœur plus tendre.

Viens! bien-aimé! n'entends-tu pas toujours
Dans nos transports une harmonie étrange?
Autour de nous la nature se change
En une lyre et chante nos amours!
Viens! aimons-nous! errons sur la pelouse.
Ne songe plus au ciel! j'en suis jalouse! —

Ma bien-aimée ainsi tout bas parlait,
Avec son front posé sur sa main blanche,
Et l'œil rêveur d'un ange qui se penche,
Et sa voix grave, et cet air qui me plaît;
Belle et tranquille, et de me voir charmée,
Ainsi tout bas parlait ma bien-aimée.

Nos cœurs battaient; l'extase m'étouffait;
Les fleurs du soir entr'ouvraient leurs corolles...
Qu'avez-vous fait, arbres, de nos paroles!
De nos soupirs, rochers, qu'avez-vous fait?
C'est un destin bien triste que le nôtre,
Puisqu'un tel jour s'envole comme un autre!

O souvenir! trésor dans l'ombre accru!
Sombre horizon des anciennes pensées!
Chère lueur des choses éclipsées!
Rayonnement du passé disparu!
Comme du seuil et du dehors d'un temple,
L'œil de l'esprit en rêvant vous contemple!

Quand les beaux jours font place aux jours amers,
De tout bonheur il faut quitter l'idée;
Quand l'espérance est tout à fait vidée,
Laissons tomber la coupe au fond des mers.
L'oubli! l'oubli! c'est l'onde où tout se noie;
C'est la mer sombre où l'on jette sa joie.

Montf., septembre, 18..—Brux..., janvier 18..

LIVRE TROISIÈME

LES LUTTES ET LES RÊVES

I

ÉCRIT SUR UN EXEMPLAIRE

DE LA DIVINA COMMEDIA

Un soir, dans le chemin je vis passer un homme
Vêtu d'un grand manteau comme un consul de Rome,
Et qui me semblait noir sur la clarté des cieux.
Ce passant s'arrêta, fixant sur moi ses yeux
Brillants, et si profonds, qu'ils en étaient sauvages,
Et me dit : « J'ai d'abord été, dans les vieux âges,

« Une haute montagne emplissant l'horizon ;
« Puis, âme encore aveugle et brisant ma prison,
« Je montai d'un degré dans l'échelle des êtres,
« Je fus un chêne, et j'eus des autels et des prêtres,
« Et je jetai des bruits étranges dans les airs ;
« Puis je fus un lion rêvant dans les déserts,
« Parlant à la nuit sombre avec sa voix grondante ;
« Maintenant, je suis homme, et je m'appelle Dante. »

Juillet 1843.

II

MELANCHOLIA

Écoutez. Une femme au profil décharné,
Maigre, blême, portant un enfant étonné,
Est là qui se lamente au milieu de la rue.
La foule, pour l'entendre, autour d'elle se rue.
Elle accuse quelqu'un, une autre femme, ou bien
Son mari. Ses enfants ont faim. Elle n'a rien;
Pas d'argent; pas de pain; à peine un lit de paille.
L'homme est au cabaret pendant qu'elle travaille.
Elle pleure, et s'en va. Quand ce spectre a passé,
O penseurs, au milieu de ce groupe amassé,

Qui vient de voir le fond d'un cœur qui se déchire,
Qu'entendez-vous toujours? Un long éclat de rire.

Cette fille au doux front a cru peut-être, un jour,
Avoir droit au bonheur, à la joie, à l'amour.
Mais elle est seule, elle est sans parents, pauvre fille!
Seule! — n'importe! elle a du courage, une aiguille!
Elle travaille, et peut gagner dans son réduit,
En travaillant le jour, en travaillant la nuit,
Un peu de pain, un gîte, une jupe de toile.
Le soir, elle regarde en rêvant quelque étoile,
Et chante au bord du toit tant que dure l'été.
Mais l'hiver vient. Il fait bien froid, en vérité,
Dans ce logis mal clos tout en haut de la rampe;
Les jours sont courts, il faut allumer une lampe;
L'huile est chère, le bois est cher, le pain est cher.
O jeunesse! printemps! aube! en proie à l'hiver!
La faim passe bientôt sa griffe sous la porte,
Décroche un vieux manteau, saisit la montre, emporte
Les meubles, prend enfin quelque humble bague d'or;
Tout est vendu! L'enfant travaille et lutte encor;
Elle est honnête; mais elle a, quand elle veille,
La misère, démon, qui lui parle à l'oreille.
L'ouvrage manque, hélas! cela se voit souvent.
Que devenir? Un jour, ô jour sombre! elle vend

La pauvre croix d'honneur de son vieux père, et pleure;
Elle tousse, elle a froid. Il faut donc qu'elle meure!
A dix-sept ans! grand Dieu! mais que faire?... —Voilà
Ce qui fait qu'un matin la douce fille alla
Droit au gouffre, et qu'enfin, à présent, ce qui monte
A son front, ce n'est plus la pudeur, c'est la honte.
Hélas! et maintenant, deuil et pleurs éternels!
C'est fini. Les enfants, ces innocents cruels,
La suivent dans la rue avec des cris de joie.
Malheureuse! elle traîne une robe de soie,
Elle chante, elle rit... ah! pauvre âme aux abois!
Et le peuple sévère, avec sa grande voix,
Souffle qui courbe un homme et qui brise une femme,
Lui dit quand elle vient: « C'est toi? Va-t'en, infâme! »

Un homme s'est fait riche en vendant à faux poids;
La loi le fait juré. L'hiver, dans les temps froids,
Un pauvre a pris un pain pour nourrir sa famille.
Regardez cette salle où le peuple fourmille;
Ce riche y vient juger ce pauvre. Écoutez bien.
C'est juste, puisque l'un a tout et l'autre rien.
Ce juge, — ce marchand, — fâché de perdre une heure,
Jette un regard distrait sur cet homme qui pleure,
L'envoie au bagne, et part pour sa maison des champs.
Tous s'en vont en disant: « C'est bien! » bons et méchants;

Et rien ne reste là qu'un Christ pensif et pâle,
Levant les bras au ciel dans le fond de la salle.

Un homme de génie apparaît. Il est doux,
Il est fort, il est grand; il est utile à tous;
Comme l'aube au-dessus de l'occéan qui roule,
Il dore d'un rayon tous les fronts de la foule;
Il luit; le jour qu'il jette est un jour éclatant;
Il apporte une idée au siècle qui l'attend;
Il fait son œuvre; il veut des choses nécessaires,
Agrandir les esprits, amoindrir les misères;
Heureux, dans ses travaux dont les cieux sont témoins,
Si l'on pense un peu plus, si l'on souffre un peu moins!
Il vient. — Certe, on le va couronner! — On le hue!
Scribes, savants, rhéteurs, les salons, la cohue,
Ceux qui n'ignorent rien, ceux qui doutent de tout,
Ceux qui flattent le roi, ceux qui flattent l'égout,
Tous hurlent à la fois et font un bruit sinistre.
Si c'est un orateur ou si c'est un ministre,
On le siffle. Si c'est un poëte, il entend
Ce chœur: « Absurde! faux! monstrueux! révoltant! »
Lui, cependant, tandis qu'on bave sur sa palme,
Debout, les bras croisés, le front levé, l'œil calme,
Il contemple, serein, l'idéal et le beau;
Il rêve; et, par moments, il secoue un flambeau

Qui, sous ses pieds, dans l'ombre, éblouissant la haine,
Éclaire tout à coup le fond de l'âme humaine;
Ou, ministre, il prodigue et ses nuits et ses jours;
Orateur, il entasse efforts, travaux, discours;
Il marche, il lutte! Hélas! l'injure ardente et triste,
A chaque pas qu'il fait, se transforme et persiste.
Nul abri. Ce serait un ennemi public,
Un monstre fabuleux, dragon ou basilic,
Qu'il serait moins traqué de toutes les manières,
Moins entouré de gens armés de grosses pierres,
Moins haï! — Pour eux tous et pour ceux qui viendront,
Il va semant la gloire, il recueille l'affront.
Le progrès est son but, le bien est sa boussole;
Pilote, sur l'avant du navire il s'isole;
Tout marin, pour dompter les vents et les courants,
Met tour à tour le cap sur des points différents,
Et, pour mieux arriver, dévie en apparence;
Il fait de même; aussi blâme et cris; l'ignorance
Sait tout, dénonce tout; il allait vers le nord,
Il avait tort; il va vers le sud, il a tort;
Si le temps devient noir, que de rage et de joie!
Cependant, sous le faix sa tête à la fin ploie,
L'âge vient, il couvait un mal profond et lent,
Il meurt. L'envie alors, ce démon vigilant,
Accourt, le reconnaît, lui ferme la paupière,
Prend soin de le clouer de ses mains dans la bière,
Se penche, écoute, épie en cette sombre nuit
S'il est vraiment bien mort, s'il ne fait pas de bruit,

S'il ne peut plus savoir de quel nom on le nomme,
Et, s'essuyant les yeux, dit : « C'était un grand homme ! »

Où vont tous ces enfants dont pas un seul ne rit ?
Ces doux êtres pensifs, que la fièvre maigrit ?
Ces filles de huit ans qu'on voit cheminer seules ?
Ils s'en vont travailler quinze heures sous des meules ;
Ils vont, de l'aube au soir, faire éternellement
Dans la même prison le même mouvement.
Accroupis sous les dents d'une machine sombre,
Monstre hideux qui mâche on ne sait quoi dans l'ombre,
Innocents dans un bagne, anges dans un enfer,
Ils travaillent. Tout est d'airain, tout est de fer.
Jamais on ne s'arrête et jamais on ne joue.
Aussi quelle pâleur ! la cendre est sur leur joue.
Il fait à peine jour, ils sont déjà bien las.
Ils ne comprennent rien à leur destin, hélas !
Ils semblent dire à Dieu : « Petits comme nous sommes,
« Notre père, voyez ce que nous font les hommes ! »
O servitude infâme imposée à l'enfant !
Rachitisme ! travail dont le souffle étouffant
Défait ce qu'a fait Dieu ; qui tue, œuvre insensée,
La beauté sur les fronts, dans les cœurs la pensée,
Et qui ferait — c'est là son fruit le plus certain —
D'Apollon un bossu, de Voltaire un crétin !

Travail mauvais qui prend l'âge tendre en sa serre,
Qui produit la richesse en créant la misère,
Qui se sert d'un enfant ainsi que d'un outil !
Progrès dont on demande : « Où va-t-il? que veut-il ? »
Qui brise la jeunesse en fleur ! qui donne, en somme,
Une âme à la machine et la retire à l'homme !
Que ce travail, haï des mères, soit maudit !
Maudit comme le vice où l'on s'abâtardit,
Maudit comme l'opprobre et comme le blasphème !
O Dieu ! qu'il soit maudit au nom du travail même,
Au nom du vrai travail, saint, fécond, généreux,
Qui fait le peuple libre et qui rend l'homme heureux!

Le pesant chariot porte une énorme pierre ;
Le limonier, suant du mors à la croupière,
Tire, et le roulier fouette, et le pavé glissant
Monte, et le cheval triste a le poitrail en sang.
Il tire, traîne, geint, tire encore et s'arrête ;
Le fouet noir tourbillonne au-dessus de sa tête ;
C'est lundi ; l'homme hier buvait aux Porcherons
Un vin plein de fureur, de cris et de jurons ;
Oh ! quelle est donc la loi formidable qui livre
L'être à l'être, et la bête effarée à l'homme ivre !
L'animal éperdu ne peut plus faire un pas ;
Il sent l'ombre sur lui peser ; il ne sait pas,

Sous le bloc qui l'écrase et le fouet qui l'assomme,
Ce que lui veut la pierre et ce que lui veut l'homme.
Et le roulier n'est plus qu'un orage de coups
Tombant sur ce forçat qui traîne les licous,
Qui souffre et ne connaît ni repos ni dimanche.
Si la corde se casse, il frappe avec le manche,
Et, si le fouet se casse, il frappe avec le pié;
Et le cheval, tremblant, hagard, estropié,
Baisse son cou lugubre et sa tête égarée;
On entend, sous les coups de la botte ferrée,
Sonner le ventre nu du pauvre être muet!
Il râle; tout à l'heure encore il remuait;
Mais il ne bouge plus, et sa force est finie;
Et les coups furieux pleuvent; son agonie
Tente un dernier effort; son pied fait un écart,
Il tombe, et le voilà brisé sous le brancard;
Et, dans l'ombre, pendant que son bourreau redouble,
Il regarde Quelqu'un de sa prunelle trouble;
Et l'on voit lentement s'éteindre, humble et terni,
Son œil plein des stupeurs sombres de l'infini,
Où luit vaguement l'âme effrayante des choses.
Hélas!

Cet avocat plaide toutes les causes;
Il rit des généreux qui désirent savoir
Si blanc n'a pas raison avant de dire noir;
Calme, en sa conscience il met ce qu'il rencontre,
Ou le sac d'argent Pour, ou le sac d'argent Contre;

Le sac pèse pour lui ce que la cause vaut.
Embusqué, plume au poing, dans un journal dévot,
Comme un bandit tuerait, cet écrivain diffame.
La foule hait cet homme et proscrit cette femme ;
Ils sont maudits. Quel est leur crime? Ils ont aimé.
L'opinion rampante accable l'opprimé,
Et, chatte aux pieds des forts, pour le faible est tigresse.
De l'inventeur mourant le parasite engraisse.
Le monde parle, assure, affirme, jure, ment,
Triche, et rit d'escroquer la dupe Dévouement.
Le puissant resplendit et du destin se joue ;
Derrière lui, tandis qu'il marche et fait la roue,
Sa fiente épanouie engendre son flatteur.
Les nains sont dédaigneux de toute leur hauteur.
O hideux coin de rue où le chiffonnier morne
Va, tenant à la main sa lanterne de corne,
Vos tas d'ordures sont moins noirs que les vivants!
Qui, des vents ou des cœurs, est le plus sûr? Les vents.
Cet homme ne croit rien et fait semblant de croire ;
Il a l'œil clair, le front gracieux, l'âme noire ;
Il se courbe ; il sera votre maître demain.

Tu casses des cailloux, vieillard, sur le chemin ;
Ton feutre humble et troué s'ouvre à l'air qui le mouille ;
Sous la pluie et le temps ton crâne nu se rouille ;

Le chaud est ton tyran, le froid est ton bourreau;
Ton vieux corps grelottant tremble sous ton sarrau;
Ta cahute, au niveau du fossé de la route,
Offre son toit de mousse à la chèvre qui broute;
Tu gagnes dans ton jour juste assez de pain noir
Pour manger le matin et pour jeûner le soir;
Et, fantôme suspect devant qui l'on recule,
Regardé de travers quand vient le crépuscule,
Pauvre au point d'alarmer les allants et venants,
Frère sombre et pensif des arbres frissonnants,
Tu laisses choir tes ans ainsi qu'eux leur feuillage;
Autrefois, homme alors dans la force de l'âge,
Quand tu vis que l'Europe implacable venait,
Et menaçait Paris et notre aube qui naît,
Et, mer d'hommes, roulait vers la France effarée,
Et le Russe et le Hun sur la terre sacrée
Se ruer, et le nord revomir Attila,
Tu te levas, tu pris ta fourche; en ces temps-là,
Tu fus, devant les rois qui tenaient la campagne,
Un des grands paysans de la grande Champagne.
C'est bien. Mais, vois, là-bas, le long du vert sillon,
Une calèche arrive, et, comme un tourbillon,
Dans la poudre du soir qu'à ton front tu secoues,
Mêle l'éclair du fouet au tonnerre des roues.
Un homme y dort. Vieillard, chapeau bas! Ce passant
Fit sa fortune à l'heure où tu versais ton sang;
Il jouait à la baisse, et montait à mesure
Que notre chute était plus profonde et plus sûre;

Il fallait un vautour à nos morts ; il le fut ;
Il fit, travailleur âpre et toujours à l'affût,
Suer à nos malheurs des châteaux et des rentes ;
Moscou remplit ses prés de meules odorantes ;
Pour lui, Leipsick payait des chiens et des valets,
Et la Bérésina charriait un palais ;
Pour lui, pour que cet homme ait des fleurs, des charmilles,
Des parcs dans Paris même ouvrant leurs larges grilles,
Des jardins où l'on voit le cygne errer sur l'eau,
Un million joyeux sortit de Waterloo ;
Si bien que du désastre il a fait sa victoire,
Et que, pour la manger, et la tordre, et la boire,
Ce Shaylock, avec le sabre de Blucher,
A coupé sur la France une livre de chair.
Or, de vous deux, c'est toi qu'on hait, lui qu'on vénère ;
Vieillard, tu n'es qu'un gueux, et ce millionnaire,
C'est l'honnête homme. Allons, debout, et chapeau bas !

Les carrefours sont pleins de chocs et de combats.
Les multitudes vont et viennent dans les rues.
Foules ! sillons creusés par ces mornes charrues :
Nuit, douleur, deuil ! champ triste où souvent a germé
Un épi qui fait peur à ceux qui l'ont semé !
Vie et mort ! onde où l'hydre à l'infini s'enlace !
Peuple océan jetant l'écume populace !

Là sont tous les chaos et toutes les grandeurs;
Là, fauve, avec ses maux, ses horreurs, ses laideurs,
Ses larves, désespoirs, haines, désirs, souffrances,
Qu'on distingue à travers de vagues transparences,
Ses rudes appétits, redoutables aimants,
Ses prostitutions, ses avilissements,
Et la fatalité de ses mœurs imperdables,
La misère épaissit ses couches formidables.
Les malheureux sont là, dans le malheur reclus.
L'indigence, flux noir, l'ignorance, reflux,
Montent, marée affreuse, et, parmi les décombres,
Roulent l'obscur filet des pénalités sombres.
Le besoin fuit le mal qui le tente et le suit,
Et l'homme cherche l'homme à tâtons; il fait nuit;
Les petits enfants nus tendent leurs mains funèbres;
Le crime, antre béant, s'ouvre dans ces ténèbres;
Le vent secoue et pousse, en ses froids tourbillons,
Les âmes en lambeaux dans les corps en haillons;
Pas de cœur où ne croisse une aveugle chimère.
Qui grince des dents? L'homme. Et qui pleure? La mère.
Qui sanglote? La vierge aux yeux hagards et doux.
Qui dit : « J'ai froid? » L'aïeule. Et qui dit : « J'ai faim? » Tous!
Et le fond est horreur, et la surface est joie.
Au-dessus de la faim, le festin qui flamboie,
Et sur le pâle amas des cris et des douleurs,
Les chansons et le rire et les chapeaux de fleurs!
Ceux-là sont les heureux. Ils n'ont qu'une pensée :
A quel néant jeter la journée insensée?

Chiens, voitures, chevaux! centre au reflet vermeil!
Poussière dont les grains semblent d'or au soleil!
Leur vie est aux plaisirs sans fin, sans but, sans trêve,
Et se passe à tâcher d'oublier dans un rêve
L'enfer au-dessous d'eux et le ciel au-dessus.
Quand on voile Lazare, on efface Jésus.
Ils ne regardent pas dans les ombres moroses.
Ils n'admettent que l'air tout parfumé de roses,
La volupté, l'orgueil, l'ivresse, et le laquais
Ce spectre galonné du pauvre, à leurs banquets.
Les fleurs couvrent les seins et débordent des vases.
Le bal, tout frissonnant de souffles et d'extases,
Rayonne, étourdissant ce qui s'évanouit;
Éden étrange fait de lumière et de nuit.
Les lustres aux plafonds laissent pendre leurs flammes,
Et semblent la racine ardente et pleine d'âmes
De quelque arbre céleste épanoui plus haut.
Noir paradis dansant sur l'immense cachot!
Ils savourent, ravis, l'éblouissement sombre
Des beautés, des splendeurs, des quadrilles sans nombre,
Des couples, des amours, des yeux bleus, des yeux noirs.
Les valses, visions, passent dans les miroirs.
Parfois, comme aux forêts la fuite des cavales,
Les galops effrénés courent; par intervalles,
Le bal reprend haleine; on s'interrompt, on fuit,
On erre, deux à deux, sous les arbres sans bruit;
Puis, folle, et rappelant les ombres éloignées,
La musique, jetant les notes à poignées,

Revient, et les regards s'allument, et l'archet,
Bondissant, ressaisit la foule qui marchait.
O délire! et, d'encens et de bruit enivrées,
L'heure emporte en riant les rapides soirées,
Et les nuits et les jours, feuilles mortes des cieux.
D'autres, toute la nuit, roulent les dés joyeux,
Ou bien, âpre, et mêlant les cartes qu'ils caressent,
Où des spectres riants ou sanglants apparaissent,
Leur soif de l'or, penchée autour d'un tapis vert,
Jusqu'à ce qu'au volet le jour bâille entr'ouvert,
Poursuit le pharaon, le lansquenet ou l'hombre,
Et, pendant qu'on gémit et qu'on frémit dans l'ombre,
Pendant que les greniers grelottent sous les toits,
Que les fleuves, passants pleins de lugubres voix,
Heurtent aux grands quais blancs les glaçons qu'ils charrient,
Tous ces hommes contents de vivre, boivent, rient,
Chantent; et, par moments, on voit, au-dessus d'eux,
Deux poteaux soutenant un triangle hideux,
Qui sortent lentement du noir pavé des villes... —

O forêts! bois profonds! solitudes! asiles!

Paris, juillet 1838.

III

SATURNE

I

Il est des jours de brume et de lumière vague,
Où l'homme, que la vie à chaque instant confond,
Étudiant la plante, ou l'étoile, ou la vague,
S'accoude au bord croulant du problème sans fond ;

Où le songeur, pareil aux antiques augures,
Cherchant Dieu, que jadis plus d'un voyant surprit,
Médite en regardant fixement les figures
Qu'on a dans l'ombre de l'esprit;

Où, comme en s'éveillant on voit, en reflets sombres,
Des spectres du dehors errer sur le plafond,
Il sonde le destin, et contemple les ombres
Que nos rêves jetés parmi les choses font!

Des heures où, pourvu qu'on ait à sa fenêtre
Une montagne, un bois, l'océan qui dit tout,
Le jour prêt à mourir ou l'aube prête à naître,
En soi-même on voit tout à coup

Sur l'amour, sur les biens qui tous nous abandonnent,
Sur l'homme, masque vide et fantôme rieur,
Éclore des clartés effrayantes qui donnent
Des éblouissements à l'œil intérieur;

De sorte qu'une fois que ces visions glissent
Devant notre paupière en ce vallon d'exil,
Elles n'en sortent plus et pour jamais emplissent
L'arcade sombre du sourcil!

II

Donc, puisque j'ai parlé de ces heures de doute
Où l'un trouve le calme et l'autre le remords,
Je ne cacherai pas au peuple qui m'écoute
Que je songe souvent à ce que font les morts ;

Et que j'en suis venu — tant la nuit étoilée
A fatigué de fois mes regards et mes vœux,
Et tant une pensée inquiète est mêlée
Aux racines de mes cheveux ! —

A croire qu'à la mort, continuant sa route,
L'âme, se souvenant de son humanité,
Envolée à jamais sous la céleste voûte,
A franchir l'infini passait l'éternité !

Et que les morts voyaient l'extase et la prière,
Nos deux rayons, pour eux grandir bien plus encor,
Et qu'ils étaient pareils à la mouche ouvrière,
Au vol rayonnant, aux pieds d'or,

Qui, visitant les fleurs pleines de chastes gouttes,
Semble une âme visible en ce monde réel,
Et, leur disant tout bas quelque mystère à toutes,
Leur laisse le parfum en leur prenant le miel !

Et qu'ainsi, faits vivants par le sépulcre même,
Nous irions tous un jour, dans l'espace vermeil,
Lire l'œuvre infinie et l'éternel poëme,
    Vers à vers, soleil à soleil !

Admirer tout système en ses formes fécondes,
Toute création dans sa variété,
Et, comparant à Dieu chaque face des mondes,
Avec l'âme de tout confronter leur beauté !

Et que chacun ferait ce voyage des âmes,
Pourvu qu'il ait souffert, pourvu qu'il ait pleuré.
Tous ! hormis les méchants, dont les esprits infâmes
    Sont comme un livre déchiré.

Ceux-là, Saturne, un globe horrible et solitaire,
Les prendra pour le temps où Dieu voudra punir,
Châtiés à la fois par le ciel et la terre,
Par l'aspiration et par le souvenir !

III

Saturne ! sphère énorme ! astre aux aspects funèbres !
Bagne du ciel ! prison dont le soupirail luit !
Monde en proie à la brume, aux souffles, aux ténèbres !
Enfer fait d'hiver et de nuit !

Son atmosphère flotte en zones tortueuses.
Deux anneaux flamboyants, tournant avec fureur,
Font, dans son ciel d'airain, deux arches monstrueuses
D'où tombe une éternelle et profonde terreur.

Ainsi qu'une araignée au centre de sa toile,
Il tient sept lunes d'or qu'il lie à ses essieux ;
Pour lui, notre soleil, qui n'est plus qu'une étoile,
Se perd, sinistre, au fond des cieux !

Les autres univers, l'entrevoyant dans l'ombre,
Se sont épouvantés de ce globe hideux.
Tremblants, ils l'ont peuplé de chimères sans nombre,
En le voyant errer formidable autour d'eux !

IV

Oh! ce serait vraiment un mystère sublime
Que ce ciel si profond, si lumineux, si beau,
Qui flamboie à nos yeux ouvert comme un abîme,
Fût l'intérieur du tombeau!

Que tout se révélât à nos paupières closes!
Que, morts, ces grands destins nous fussent réservés!..
Qu'en est-il de ce rêve et de bien d'autres choses?
Il est certain, Seigneur, que seul vous le savez.

V

Il est certain aussi que, jadis, sur la terre,
Le patriarche, ému d'un redoutable effroi,
Et les saints qui peuplaient la Thébaïde austère
Ont fait des songes comme moi;

Que, dans sa solitude auguste, le prophète
Voyait, pour son regard plein d'étranges rayons,
Par la même fêlure aux réalités faite,
S'ouvrir le monde obscur des pâles visions;

Et qu'à l'heure où le jour devant la nuit recule,
Ces sages que jamais l'homme, hélas! ne comprit,
Mêlaient, silencieux, au morne crépuscule
Le trouble de leur sombre esprit;

Tandis que l'eau sortait des sources cristallines,
Et que les grands lions, de moments en moments,
Vaguement apparus au sommet des collines,
Poussaient dans le désert de longs rugissements!

Avril 1839.

IV

ÉCRIT AU BAS D'UN CRUCIFIX

Vous qui pleurez, venez à ce Dieu, car il pleure.
Vous qui souffrez, venez à lui, car il guérit.
Vous qui tremblez, venez à lui, car il sourit.
Vous qui passez, venez à lui, car il demeure.

Mars 1842.

V

QUIA PULVIS ES

Ceux-ci partent, ceux-là demeurent.
Sous le sombre aquilon, dont les mille voix pleurent,
Poussière et genre humain, tout s'envole à la fois.
Hélas! le même vent souffle, en l'ombre où nous sommes,
Sur toutes les têtes des hommes,
Sur toutes les feuilles des bois.

Ceux qui restent à ceux qui passent
Disent : — Infortunés! déjà vos fronts s'effacent.

Quoi ! vous n'entendrez plus la parole et le bruit !
Quoi ! vous ne verrez plus ni le ciel ni les arbres !
Vous allez dormir sous les marbres !
Vous allez tomber dans la nuit ! —

Ceux qui passent à ceux qui restent
Disent : — Vous n'avez rien à vous ! vos pleurs l'attestent !
Pour vous, gloire et bonheur sont des mots décevants.
Dieu donne aux morts les biens réels, les vrais royaumes.
Vivants ! vous êtes des fantômes ;
C'est nous qui sommes les vivants ! —

Février 1843.

VI

LA SOURCE

Un lion habitait près d'une source ; un aigle
Y venait boire aussi.
Or, deux héros, un jour, deux rois — souvent Dieu règle
La destinée ainsi —

Vinrent à cette source où des palmiers attirent
Le passant hasardeux,
Et, s'étant reconnus, ces hommes se battirent
Et tombèrent tous deux.

L'aigle, comme ils mouraient, vint planer sur leurs têtes,
Et leur dit, rayonnant :
— Vous trouviez l'univers trop petit, et vous n'êtes
Qu'une ombre maintenant !

O princes! et vos os, hier pleins de jeunesse,
Ne seront plus demain
Que des cailloux mêlés, sans qu'on les reconnaisse,
Aux pierres du chemin !

Insensés ! à quoi bon cette guerre âpre et rude,
Ce duel, ce talion?... —
Je vis en paix, moi, l'aigle, en cette solitude
Avec lui, le lion.

Nous venons tous deux boire à la même fontaine,
Rois dans les mêmes lieux ;
Je lui laisse le bois, la montagne et la plaine,
Et je garde les cieux.

Octobre 1846.

VII

LA STATUE

Quand l'empire romain tomba désespéré,
— Car, ô Rome, l'abîme où Carthage a sombré
Attendait que tu la suivisses ! —
Quand, n'ayant rien en lui de grand qu'il n'eût brisé,
Ce monde agonisa, triste, ayant épuisé
Tous les Césars et tous les vices ;

Quand il expira, vide et riche comme Tyr;
Tas d'esclaves ayant pour gloire de sentir
Le pied du maître sur leurs nuques;
Ivre de vin, de sang et d'or; continuant
Caton par Tigellin, l'astre par le néant,
Et les géants par les eunuques;

Ce fut un noir spectacle et dont on s'enfuyait.
Le pâle cénobite y songeait, inquiet,
Dans les antres visionnaires;
Et, pendant trois cents ans, dans l'ombre on entendit
Sur ce monde damné, sur ce festin maudit,
Un écroulement de tonnerres.

Et Luxure, Paresse, Envie, Orgie, Orgueil,
Avarice et Colère, au-dessus de ce deuil,
Planèrent avec des huées;
Et, comme des éclairs sous le plafond des soirs,
Les glaives monstrueux des sept archanges noirs
Flamboyèrent dans les nuées.

Juvénal, qui peignit ce gouffre universel,
Est statue aujourd'hui; la statue est de sel,
Seule sous le nocturne dôme;

Pas un arbre à ses pieds; pas d'herbe et de rameaux;
Et dans son œil sinistre on lit ces sombres mots :
Pour avoir regardé Sodôme.

Février 1843.

VIII

Je lisais. Que lisais-je? Oh! le vieux livre austère,
Le poëme éternel! — La Bible? — Non, la terre.
Platon, tous les matins, quand revit le ciel bleu,
Lisait les vers d'Homère, et moi les fleurs de Dieu.
J'épèle les buissons, les brins d'herbe, les sources;
Et je n'ai pas besoin d'emporter dans mes courses
Mon livre sous mon bras, car je l'ai sous mes pieds.
Je m'en vais devant moi dans les lieux non frayés,
Et j'étudie à fond le texte, et je me penche,
Cherchant à déchiffrer la corolle et la branche.

Donc, courbé, — c'est ainsi qu'en marchant je traduis
La lumière en idée, en syllabes les bruits, —
J'étais en train de lire un champ, page fleurie.
Je fus interrompu dans cette rêverie;
Un doux martinet noir avec un ventre blanc
Me parlait; il disait : — O pauvre homme, tremblant
Entre le doute morne et la foi qui délivre,
Je t'approuve. Il est bon de lire dans ce livre.
Lis toujours, lis sans cesse, ô penseur agité,
Et que les champs profonds t'emplissent de clarté!
Il est sain de toujours feuilleter la nature,
Car c'est la grande lettre et la grande écriture;
Car la terre, cantique où nous nous abîmons,
A pour versets les bois et pour strophes les monts!
Lis. Il n'est rien dans tout ce que peut sonder l'homme
Qui, bien questionné par l'âme, ne se nomme.
Médite. Tout est plein de jour, même la nuit;
Et tout ce qui travaille, éclaire, aime ou détruit,
A des rayons : la roue au dur moyeu, l'étoile,
La fleur, et l'araignée au centre de sa toile.
Rends-toi compte de Dieu. Comprendre, c'est aimer.
Les plaines où le ciel aide l'herbe à germer,
L'eau, les prés, sont autant de phrases où le sage
Voit serpenter des sens qu'il saisit au passage.
Marche au vrai. Le réel, c'est le juste, vois-tu;
Et voir la vérité, c'est trouver la vertu.
Bien lire l'univers, c'est bien lire la vie.
Le monde est l'œuvre où rien ne ment et ne dévie,

Et dont les mots sacrés répandent de l'encens.
L'homme injuste est celui qui fait des contre-sens.
Oui, la création tout entière, les choses,
Les êtres, les rapports, les éléments, les causes,
Rameaux dont le ciel clair perce le réseau noir,
L'arabesque des bois sur les cuivres du soir,
La bête, le rocher, l'épi d'or, l'aile peinte,
Tout cet ensemble obscur, végétation sainte,
Compose en se croisant ce chiffre énorme : DIEU.
L'éternel est écrit dans ce qui dure peu;
Toute l'immensité, sombre, bleue, étoilée,
Traverse l'humble fleur, du penseur contemplée;
On voit les champs, mais c'est de Dieu qu'on s'éblouit.
Le lys que tu comprends en toi s'épanouit;
Les roses que tu lis s'ajoutent à ton âme.
Les fleurs chastes, d'où sort une invisible flamme,
Sont les conseils que Dieu sème sur le chemin;
C'est l'âme qui les doit cueillir, et non la main.
Ainsi tu fais; aussi l'aube est sur ton front sombre;
Aussi tu deviens bon, juste et sage; et dans l'ombre
Tu reprends la candeur sublime du berceau. —
Je répondis : — Hélas! tu te trompes, oiseau.
Ma chair, faite de cendre, à chaque instant succombe;
Mon âme ne sera blanche que dans la tombe;
Car l'homme, quoi qu'il fasse, est aveugle ou méchant.
Et je continuai la lecture du champ.

Juillet 1843.

IX

Jeune fille, la grâce emplit tes dix-sept ans.
Ton regard dit : Matin, et ton front dit : Printemps.
Il semble que ta main porte un lys invisible.
Don Juan te voit passer et murmure : « Impossible ! »
Sois belle. Sois bénie, enfant, dans ta beauté.
La nature s'égaye à toute ta clarté ;
Tu fais une lueur sous les arbres ; la guêpe
Touche ta joue en fleur de son aile de crêpe ;

La mouche à tes yeux vole ainsi qu'à des flambeaux.
Ton souffle est un encens qui monte au ciel. Lesbos
Et les marins d'Hydra, s'ils te voyaient sans voiles,
Te prendraient pour l'Aurore aux cheveux pleins d'étoiles.
Les êtres de l'azur froncent leur pur sourcil,
Quand l'homme, spectre obscur du mal et de l'exil,
Ose approcher ton âme, aux rayons fiancée.
Sois belle. Tu te sens par l'ombre caressée,
Un ange vient baiser ton pied quand il est nu,
Et c'est ce qui te fait ton sourire ingénu.

Février 1843.

X

AMOUR

Amour ! « Loi, » dit Jésus. « Mystère, » dit Platon.
Sait-on quel fil nous lie au firmament ? Sait-on
Ce que les mains de Dieu dans l'immensité sèment ?
Est-on maître d'aimer ? pourquoi deux êtres s'aiment,
Demande à l'eau qui court, demande à l'air qui fuit,
Au moucheron qui vole à la flamme la nuit,
Au rayon d'or qui veut baiser la grappe mûre !
Demande à ce qui chante, appelle, attend, murmure !
Demande aux nids profonds qu'avril met en émoi !
Le cœur éperdu crie : Est-ce que je sais, moi ?

Cette femme a passé : je suis fou. C'est l'histoire.
Ses cheveux étaient blonds, sa prunelle était noire;
En plein midi, joyeuse, une fleur au corset,
Illumination du jour, elle passait;
Elle allait, la charmante, et riait, la superbe;
Ses petits pieds semblaient chuchoter avec l'herbe;
Un oiseau bleu volait dans l'air, et me parla;
Et comment voulez-vous que j'échappe à cela?
Est-ce que je sais, moi? c'était au temps des roses;
Les arbres se disaient tout bas de douces choses;
Les ruisseaux l'ont voulu, les fleurs l'ont comploté.
J'aime! — O Bodin, Vouglans, Delancre! prévôté,
Bailliage, châtelet, grand'chambre, saint-office,
Demandez le secret de ce doux maléfice
Aux vents, au frais printemps chassant l'hiver hagard,
Au philtre qu'un regard boit dans l'autre regard,
Au sourire qui rêve, à la voix qui caresse,
A ce magicien, à cette charmeresse!
Demandez aux sentiers traîtres qui, dans les bois,
Vous font recommencer les mêmes pas cent fois,
A la branche de mai, cette Armide qui guette,
Et fait tourner sur nous en cercle sa baguette!
Demandez à la vie, à la nature, aux cieux,
Au vague enchantement des champs mystérieux!
Exorcisez le pré tentateur, l'antre, l'orme!
Faites, Cujas au poing, un bon procès en forme
Aux sources dont le cœur écoute les sanglots,
Au soupir éternel des forêts et des flots.

Dressez procès-verbal contre les pâquerettes
Qui laissent les bourdons froisser leurs collerettes ;
Instrumentez ; tonnez. Prouvez que deux amants
Livraient leur âme aux fleurs, aux bois, aux lacs dormants,
Et qu'ils ont fait un pacte avec la lune sombre,
Avec l'illusion, l'espérance aux yeux d'ombre,
Et l'extase chantant des hymnes inconnus,
Et qu'ils allaient tous deux, dès que brillait Vénus,
Sur l'herbe que la brise agite par bouffées,
Danser au bleu sabbat de ces nocturnes fées,
Éperdus, possédés d'un adorable ennui,
Elle n'étant plus elle et lui n'étant plus lui !
Quoi ! nous sommes encore aux temps où la Tournelle,
Déclarant la magie impie et criminelle,
Lui dressait un bûcher par arrêt de la cour,
Et le dernier sorcier qu'on brûle, c'est l'Amour !

Juillet 1843.

XI

?

Une terre au flanc maigre, âpre, avare, inclément,
Où les vivants pensifs travaillent tristement,
Et qui donne à regret à cette race humaine
Un peu de pain pour tant de labeur et de peine ;
Des hommes durs, éclos sur ces sillons ingrats ;
Des cités d'où s'en vont, en se tordant les bras,
La charité, la paix, la foi, sœurs vénérables ;
L'orgueil chez les puissants et chez les misérables ;
La haine au cœur de tous ; la mort, spectre sans yeux,
Frappant sur les meilleurs des coups mystérieux ;

Sur tous les hauts sommets des brumes répandues ;
Deux vierges, la justice et la pudeur, vendues ;
Toutes les passions engendrant tous les maux ;
Des forêts abritant des loups sous leurs rameaux ;
Là le désert torride, ici les froids polaires ; —
Des océans émus de subites colères,
Pleins de mâts frissonnants qui sombrent dans la nuit ;
Des continents couverts de fumée et de bruit,
Où, deux torches aux mains, rugit la guerre infâme,
Où toujours quelque part fume une ville en flamme,
Où se heurtent sanglants les peuples furieux ; —

Et que tout cela fasse un astre dans les cieux !

Octobre 1840.

XII

EXPLICATION

La terre est au soleil ce que l'homme est à l'ange.
L'un est fait de splendeur ; l'autre est pétri de fange.
Toute étoile est soleil ; tout astre est paradis.
Autour des globes purs sont les mondes maudits ;
Et dans l'ombre, où l'esprit voit mieux que la lunette,
Le soleil paradis traîne l'enfer planète.

L'ange habitant de l'astre est faillible; et, séduit,
Il peut devenir l'homme habitant de la nuit.
Voilà ce que le vent m'a dit sur la montagne.

Tout globe obscur gémit; toute terre est un bagne
Où la vie en pleurant, jusqu'au jour du réveil,
Vient écrouer l'esprit qui tombe du soleil.
Plus le globe est lointain, plus le bagne est terrible.
La mort est là, vannant les âmes dans un crible,
Qui juge, et, de la vie invisible témoin,
Rapporte l'ange à l'astre ou le jette plus loin.

O globes sans rayons et presque sans aurores!
Énorme Jupiter fouetté de météores,
Mars qui semble de loin la bouche d'un volcan,
O nocturne Uranus, ô Saturne au carcan!
Châtiments inconnus! rédemptions! mystères!
Deuils! ô lunes encor plus mortes que les terres!
Ils souffrent; ils sont noirs; et qui sait ce qu'ils font?
L'ombre entend par moments leur cri rauque et profond,
Comme on entend, le soir, la plainte des cigales.
Mondes spectres, tirant des chaînes inégales,
Ils vont, blêmes, pareils au rêve qui s'enfuit.
Rougis confusément d'un reflet dans la nuit,
Implorant un messie, espérant des apôtres,
Seuls, séparés, les uns en arrière des autres,

Tristes, échevelés par des souffles hagards,
Jetant à la clarté de farouches regards,
Ceux-ci, vagues, roulant dans les profondeurs mornes,
Ceux-là, presque engloutis dans l'infini sans bornes,
Ténébreux, frissonnants, froids, glacés, pluvieux,
Autour du paradis ils tournent envieux;
Et, du soleil, parmi les brumes et les ombres,
On voit passer au loin toutes ces faces sombres.

Novembre 1840.

XIII

LA CHOUETTE

Une chouette était sur la porte clouée ;
Larve de l'ombre au toit des hommes échouée.
La nature, qui mêle une âme aux rameaux verts,
Qui remplit tout, et vit, à des degrés divers,
Dans la bête sauvage et la bête de somme,
Toujours en dialogue avec l'esprit de l'homme,
Lui donne à déchiffrer les animaux, qui sont
Ses signes, alphabet formidable et profond ;

Et, sombre, ayant pour mots l'oiseau, le ver, l'insecte,
Parle deux langues : l'une, admirable et correcte,
L'autre, obscur bégaîment. L'éléphant aux pieds lourds,
Le lion, ce grand front de l'antre, l'aigle, l'ours,
Le taureau, le cheval, le tigre au bond superbe,
Sont le langage altier et splendide, le verbe ;
Et la chauve-souris, le crapaud, le putois,
Le crabe, le hibou, le porc, sont le patois.
Or, j'étais là, pensif, bienveillant, presque tendre,
Épelant ce squelette, et tâchant de comprendre
Ce qu'entre les trois clous où son spectre pendait,
Aux vivants, aux souffrants, au bœuf triste, au baudet,
Disait, hélas ! la pauvre et sinistre chouette,
Du côté noir de l'être informe silhouette.

*

Elle disait :

« Sur son front sombre
Comme la brume se répand !
Il remplit tout le fond de l'ombre.
Comme sa tête morte pend !
De ses yeux coulent ses pensées.
Ses pieds troués, ses mains percées

Bleuissent à l'air glacial.
Oh! comme il saigne dans le gouffre!
Lui qui faisait le bien, il souffre
Comme moi qui faisais le mal.

« Une lumière à son front tremble.
Et la nuit dit au vent : « Soufflons
« Sur cette flamme! » et, tous ensemble,
Les ténèbres, les aquilons,
La pluie et l'horreur, froides bouches,
Soufflent, hagards, hideux, farouches,
Et dans la tempête et le bruit
La clarté reparaît grandie... —
Tu peux éteindre un incendie,
Mais pas une auréole, ô nuit!

« Cette âme arriva sur la terre,
Qu'assombrit le soir incertain;
Elle entra dans l'obscur mystère
Que l'ombre appelle son destin;
Au mensonge, aux forfaits sans nombre,
A tout l'horrible essaim de l'ombre,
Elle livrait de saints combats;
Elle volait, et ses prunelles
Semblaient deux lueurs éternelles
Qui passaient dans la nuit d'en bas.

« Elle allait parmi les ténèbres,
Poursuivant, chassant, dévorant
Les vices, ces taupes funèbres,
Le crime, ce phalène errant;
Arrachant de leurs trous la haine,
L'orgueil, la fraude qui se traîne,
L'âpre envie, aspic du chemin,
Les vers de terre et les vipères,
Que la nuit cache dans les pierres
Et le mal dans le cœur humain !

« Elle cherchait ces infidèles,
L'Achab, le Nemrod, le Mathan,
Que, dans son temple et sous ses ailes,
Réchauffe le faux dieu Satan,
Les vendeurs cachés sous les porches,
Le brûleur allumant ses torches
Au même feu que l'encensoir ;
Et, quand elle l'avait trouvée,
Toute la sinistre couvée
Se hérissait sous l'autel noir.

« Elle allait, délivrant les hommes
De leurs ennemis ténébreux ;
Les hommes, noirs comme nous sommes,
Prirent l'esprit luttant pour eux ;

Puis ils clouèrent, les infâmes,
L'âme qui défendait leurs âmes,
L'être dont l'œil jetait du jour ;
Et leur foule, dans sa démence,
Railla cette chouette immense
De la lumière et de l'amour !

« Race qui frappes et lapides,
Je te plains ! hommes, je vous plains !
Hélas ! je plains vos poings stupides,
D'affreux clous et de marteaux pleins !
Vous persécutez pêle-mêle
Le mal, le bien, la griffe et l'aile,
Chasseurs sans but, bourreaux sans yeux !
Vous clouez de vos mains mal sûres
Les hiboux au seuil des masures,
Et Christ sur la porte des cieux ! »

Mai 1843.

XIV

A LA MÈRE DE L'ENFANT MORT

Oh! vous aurez trop dit au pauvre petit ange
    Qu'il est d'autres anges là-haut,
Que rien ne souffre au ciel, que jamais rien n'y change,
    Qu'il est doux d'y rentrer bientôt;

Que le ciel est un dôme aux merveilleux pilastres,
    Une tente aux riches couleurs,

Un jardin bleu rempli de lys qui sont des astres,
Et d'étoiles qui sont des fleurs;

Que c'est un lieu joyeux plus qu'on ne saurait dire,
Où toujours, se laissant charmer,
On a les chérubins pour jouer et pour rire,
Et le bon Dieu pour nous aimer;

Qu'il est doux d'être un cœur qui brûle comme un cierge,
Et de vivre, en toute saison,
Près de l'enfant Jésus et de la sainte Vierge
Dans une si belle maison!

Et puis vous n'aurez pas assez dit, pauvre mère,
A ce fils si frêle et si doux,
Que vous étiez à lui dans cette vie amère,
Mais aussi qu'il était à vous;

Que, tant qu'on est petit, la mère sur nous veille,
Mais que plus tard on la défend;
Et qu'elle aura besoin, quand elle sera vieille,
D'un homme qui soit son enfant;

Vous n'aurez point assez dit à cette jeune âme
Que Dieu veut qu'on reste ici-bas,

La femme guidant l'homme et l'homme aidant la femme,
    Pour les douleurs et les combats;

Si bien qu'un jour, ô deuil! irréparable perte!
    Le doux être s'en est allé!... —
Hélas! vous avez donc laissé la cage ouverte,
    Que votre oiseau s'est envolé!

Avril 1843

XV

ÉPITAPHE

Il vivait, il jouait, riante créature.
Que te sert d'avoir pris cet enfant, ô nature?
N'as-tu pas les oiseaux peints de mille couleurs,
Les astres, les grands bois, le ciel bleu, l'onde amère?
Que te sert d'avoir pris cet enfant à sa mère,
Et de l'avoir caché sous des touffes de fleurs?

Pour cet enfant de plus tu n'es pas plus peuplée,
Tu n'es pas plus joyeuse, ô nature étoilée!

Et le cœur de la mère en proie à tant de soins,
Ce cœur où toute joie engendre une torture,
Cet abîme aussi grand que toi-même, ô nature,
Est vide et désolé pour cet enfant de moins!

Mai 1843.

XVI

LE MAITRE D'ÉTUDES

Ne le tourmentez pas, il souffre. Il est celui
Sur qui, jusqu'à ce jour, pas un rayon n'a lui;
Oh! ne confondez pas l'esclave avec le maître!
Et, quand vous le voyez dans vos rangs apparaître,
Humble et calme, et s'asseoir la tête dans ses mains,
Ayant peut-être en lui l'esprit des vieux Romains
Dont il vous dit les noms, dont il vous lit les livres,
Écoliers, frais enfants de joie et d'aurore ivres,
Ne le tourmentez pas! soyez doux, soyez bons.
Tous nous portons la vie et tous nous nous courbons;

Mais, lui, c'est le flambeau qui la nuit se consomme;
L'ombre le tient captif, et ce pâle jeune homme,
Enfermé plus que vous, plus que vous enchaîné,
Votre frère, écoliers, et votre frère aîné,
Destin tronqué, matin noyé dans les ténèbres,
Ayant l'ennui sans fin devant ses yeux funèbres,
Indigent, chancelant, et cependant vainqueur,
Sans oiseaux dans son ciel, sans amours dans son cœur,
A l'heure du plein jour, attend que l'aube naisse.
Enfance, ayez pitié de la sombre jeunesse!

Apprenez à connaître, enfants qu'attend l'effort,
Les inégalités des âmes et du sort;
Respectez-le deux fois, dans le deuil qui le mine,
Puisque de deux sommets, enfants, il vous domine,
Puisqu'il est le plus pauvre et qu'il est le plus grand.
Songez que, triste, en butte au souci dévorant,
A travers ses douleurs, ce fils de la chaumière
Vous verse la raison, le savoir, la lumière,
Et qu'il vous donne l'or, et qu'il n'a pas de pain.
Oh! dans la longue salle aux tables de sapin,
Enfants, faites silence à la lueur des lampes!
Voyez, la morne angoisse a fait blêmir ses tempes :
Songez qu'il saigne, hélas! sous ses pauvres habits.
L'herbe que mord la dent cruelle des brebis,
C'est lui; vous riez, vous, et vous lui rongez l'âme.
Songez qu'il agonise, amer, sans air, sans flamme;

Que sa colère dit : Plaignez-moi; que ses pleurs
Ne peuvent pas couler devant vos yeux railleurs!
Aux heures du travail votre ennui le dévore,
Aux heures du plaisir vous le rongez encore;
Sa pensée, arrachée et froissée, est à vous,
Et, pareille au papier qu'on distribue à tous,
Page blanche d'abord, devient lentement noire.
Vous feuilletez son cœur, vous videz sa mémoire;
Vos mains, jetant chacune un bruit, un trouble, un mot,
Et raturant l'idée en lui dès qu'elle éclôt,
Toutes en même temps dans son esprit écrivent.
Si des rêves, parfois, jusqu'à son front arrivent,
Vous répandez votre encre à flots sur cet azur;
Vos plumes, tas d'oiseaux hideux au vol obscur,
De leurs mille becs noirs lui fouillent la cervelle.
Le nuage d'ennui passe et se renouvelle.
Dormir, il ne le peut; penser, il ne le peut.
Chaque enfant est un fil dont son cœur sent le nœud.
Oui, s'il veut songer, fuir, oublier, franchir l'ombre,
Laisser voler son âme aux chimères sans nombre,
Ces écoliers joueurs, vifs, légers, doux, aimants,
Pèsent sur lui, de l'aube au soir, à tous moments,
Et le font retomber des voûtes immortelles;
Et tous ces papillons sont le plomb de ses ailes.
Saint et grave martyr changeant de chevalet,
Crucifié par vous, bourreaux charmants, il est
Votre souffre-douleurs et votre souffre-joies;
Ses nuits sont vos hochets et ses jours sont vos proies,

Il porte sur son front votre essaim orageux;
Il a toujours vos bruits, vos rires et vos jeux,
Tourbillonnant sur lui comme une âpre tempête.
Hélas! il est le deuil dont vous êtes la fête;
Hélas! il est le cri dont vous êtes le chant.

Et, qui sait? sans rien dire, austère, et se cachant
De sa bonne action comme d'une mauvaise,
Ce pauvre être qui rêve accoudé sur sa chaise,
Mal nourri, mal vêtu, qu'un mendiant plaindrait,
Peut-être a des parents qu'il soutient en secret;
Et fait de ses labeurs, de sa faim, de ses veilles,
Des siècles dont sa voix vous traduit les merveilles,
Et de cette sueur qui coule sur sa chair,
Des rubans au printemps, un peu de feu l'hiver,
Pour quelque jeune sœur ou quelque vieille mère;
Changeant en goutte d'eau la sombre larme amère;
De sorte que, vivant à son ombre sans bruit,
Une colombe vient la boire dans la nuit!
Songez que pour cette œuvre, enfants, il se dévoue,
Brûle ses yeux, meurtrit son cœur, tourne la roue,
Traîne la chaîne! hélas, pour lui, pour son destin,
Pour ses espoirs perdus à l'horizon lointain,
Pour ses vœux, pour son âme aux fers, pour sa prunelle,
Votre cage d'un jour est prison éternelle!
Songez que c'est sur lui que marchent tous vos pas!
Songez qu'il ne rit pas, songez qu'il ne vit pas!

L'avenir, cet avril plein de fleurs, vous convie;
Vous vous envolerez demain en pleine vie;
Vous sortirez de l'ombre, il restera. Pour lui,
Demain sera muet et sourd comme aujourd'hui;
Demain, même en juillet, sera toujours décembre,
Toujours l'étroit préau, toujours la pauvre chambre,
Toujours le ciel glacé, gris, blafard, pluvieux;
Et, quand vous serez grands, enfants, il sera vieux.
Et, si quelque heureux vent ne souffle et ne l'emporte,
Toujours il sera là, seul sous la sombre porte,
Gardant les beaux enfants sous ce mur redouté,
Ayant tout de leur peine et rien de leur gaîté.
Oh! que votre pensée aime, console, encense
Ce sublime forçat du bagne d'innocence!
Pesez ce qu'il prodigue avec ce qu'il reçoit.
Oh! qu'il se transfigure à vos yeux, et qu'il soit
Celui qui vous grandit, celui qui vous élève,
Qui donne à vos raisons les deux tranchants du glaive,
Art et science, afin qu'en marchant au tombeau,
Vous viviez pour le vrai, vous luttiez pour le beau!
Oh! qu'il vous soit sacré dans cette tâche auguste
De conduire à l'utile, au sage, au grand, au juste,
Vos âmes en tumulte à qui le ciel sourit!
Quand les cœurs sont troupeau, le berger est esprit.

Et, pendant qu'il est là, triste, et que dans la classe
Un chuchotement vague endort son âme lasse,

Oh! des poëtes purs entr'ouverts sur vos bancs,
Qu'il sorte, dans le bruit confus des soirs tombants,
Qu'il sorte de Platon, qu'il sorte d'Euripide,
Et de Virgile, cygne errant du vers limpide,
Et d'Eschyle, lion du drame monstrueux,
Et d'Horace, et d'Homère à demi dans les cieux,
Qu'il sorte, pour sa tête aux saints travaux baissée,
Pour l'humble défricheur de la jeune pensée,
Qu'il sorte, pour ce front qui se penche et se fend
Sur ce sillon humain qu'on appelle l'enfant,
De tous ces livres pleins de hautes harmonies,
La bénédiction sereine des génies!

Juin 1843.

XVII

CHOSE VUE

UN JOUR DE PRINTEMPS

Entendant des sanglots, je poussai cette porte.

Les quatre enfants pleuraient et la mère était morte.
Tout dans ce lieu lugubre effrayait le regard.
Sur le grabat gisait le cadavre hagard;
C'était déjà la tombe et déjà le fantôme.
Pas de feu; le plafond laissait passer le chaume.

Les quatre enfants songeaient comme quatre vieillards.
On voyait, comme une aube à travers des brouillards,
Aux lèvres de la morte un sinistre sourire;
Et l'aîné, qui n'avait que six ans, semblait dire :
« Regardez donc cette ombre où le sort nous a mis! »

Un crime en cette chambre avait été commis.
Ce crime, le voici : — Sous le ciel qui rayonne,
Une femme est candide, intelligente, bonne;
Dieu, qui la suit d'en haut d'un regard attendri,
La fit pour être heureuse. Humble, elle a pour mari
Un ouvrier; tous deux, sans aigreur, sans envie,
Tirent d'un pas égal le licou de la vie.
Le choléra lui prend son mari; la voilà
Veuve avec la misère et quatre enfants qu'elle a.
Alors, elle se met au labeur comme un homme.
Elle est active, propre, attentive, économe;
Pas de drap à son lit, pas d'âtre à son foyer;
Elle ne se plaint pas, sert qui veut l'employer,
Ravaude de vieux bas, fait des nattes de paille,
Tricote, file, coud, passe les nuits, travaille
Pour nourrir ses enfants; elle est honnête enfin.
Un jour, on va chez elle, elle est morte de faim.

Oui, les buissons étaient remplis de rouges-gorges,
Les lourds marteaux sonnaient dans la lueur des forges,

Les masques abondaient dans les bals, et partout
Les baisers soulevaient la dentelle du loup ;
Tout vivait ; les marchands comptaient de grosses sommes ;
On entendait rouler les chars, rire les hommes ;
Les wagons ébranlaient les plaines ; le steamer
Secouait son panache au-dessus de la mer ;
Et, dans cette rumeur de joie et de lumière,
Cette femme étant seule au fond de sa chaumière,
La faim, goule effarée aux hurlements plaintifs,
Maigre et féroce, était entrée à pas furtifs,
Sans bruit, et l'avait prise à la gorge, et tuée.

La faim, c'est le regard de la prostituée,
C'est le bâton ferré du bandit, c'est la main
Du pâle enfant volant un pain sur le chemin,
C'est la fièvre du pauvre oublié, c'est le râle
Du grabat naufragé dans l'ombre sépulcrale.
O Dieu! la sève abonde, et, dans ses flancs troublés,
La terre est pleine d'herbe et de fruits et de blés,
Dès que l'arbre a fini, le sillon recommence ;
Et, pendant que tout vit, ô Dieu, dans ta clémence,
Que la mouche connaît la feuille du sureau,
Pendant que l'étang donne à boire au passereau,
Pendant que le tombeau nourrit les vautours chauves,
Pendant que la nature, en ses profondeurs fauves,
Fait manger le chacal, l'once et le basilic,

L'homme expire !—Oh ! la faim, c'est le crime public ;
C'est l'immense assassin qui sort de nos ténèbres.

Dieu ! pourquoi l'orphelin, dans ses langes funèbres,
Dit-il : « J'ai faim ! » L'enfant, n'est-ce pas un oiseau ?
Pourquoi le nid a-t-il ce qui manque au berceau ?

Avril 1840.

XVIII

INTÉRIEUR

La querelle irritée, amère, à l'œil ardent,
Vipère dont la haine empoisonne la dent,
Siffle et trouble le toit d'une pauvre demeure.
Les mots heurtent les mots. L'enfant s'effraie et pleure.
La femme et le mari laissent l'enfant crier.

—D'où viens-tu?—Qu'as-tu fait?—Oh! mauvais ouvrier!
Il vit dans la débauche et mourra sur la paille,
—Femme vaine et sans cœur qui jamais ne travaille!

— Tu sors du cabaret? — Quelque amant est venu?
— L'enfant pleure, l'enfant a faim, l'enfant est nu.
Pas de pain. —Elle a peur de salir ses mains blanches!
—Où cours-tu tous les jours?—Et toi, tous les dimanches?
— Va boire! — Va danser! — Il n'a ni feu ni lieu!
— Ta fille seulement ne sait pas prier Dieu!
— Et ta mère, bandit, c'est toi qui l'as tuée!
— Paix! — Silence, assassin! —Tais-toi, prostituée!

Un beau soleil couchant, empourprant le taudis,
Embrasait la fenêtre et le plafond, tandis
Que ce couple hideux, que rend deux fois infâme
La misère du cœur et la laideur de l'âme,
Étalait son ulcère et ses difformités
Sans honte, et sans pudeur montrait ses nudités.
Et leur vitre, où pendait un vieux haillon de toile,
Était, grâce au soleil, une éclatante étoile
Qui, dans ce même instant, vive et pure lueur,
Éblouissait au loin quelque passant rêveur!

Septembre 1841.

XIX

BARAQUES DE LA FOIRE

Lion ! j'étais pensif, ô bête prisonnière,
Devant la majesté de ta grave crinière ;
Du plafond de ta cage elle faisait un dais.
Nous songions tous les deux, et tu me regardais.
Ton regard était beau, lion. Nous autres hommes,
Le peu que nous faisons et le rien que nous sommes,
Emplit notre pensée, et dans nos regards vains
Brillent nos plans chétifs que nous croyons divins,
Nos vœux, nos passions que notre orgueil encense,
Et notre petitesse, ivre de sa puissance ;

Et, bouffis d'ignorance ou gonflés de venin,
Notre prunelle éclate et dit : Je suis ce nain !
Nous avons dans nos yeux notre moi misérable.
Mais la bête qui vit sous le chêne et l'érable,
Qui paît le thym, ou fuit dans les halliers profonds,
Qui dans les champs, où nous, hommes, nous étouffons,
Respire, solitaire, avec l'astre et la rose,
L'être sauvage, obscur et tranquille qui cause
Avec la roche énorme et les petites fleurs,
Qui, parmi les vallons et les sources en pleurs,
Plonge son mufle roux aux herbes non foulées,
La brute qui rugit sous les nuits constellées,
Qui rêve et dont les pas fauves et familiers
De l'antre formidable ébranlent les piliers,
Et qui se sent à peine en ces profondeurs sombres,
A sous son fier sourcil les monts, les vastes ombres,
Les étoiles, les prés, le lac serein, les cieux,
Et le mystère obscur des bois silencieux,
Et porte en son œil calme, où l'infini commence,
Le regard éternel de la nature immense.

Juin 1842.

XX

INSOMNIE

Quand une lueur pâle à l'orient se lève,
Quand la porte du jour, vague et pareille au rêve,
Commence à s'entr'ouvrir et blanchit l'horizon,
Comme l'espoir blanchit le seuil d'une prison,
Se réveiller, c'est bien, et travailler, c'est juste.
Quand le matin à Dieu chante son hymne auguste,
Le travail, saint tribut dû par l'homme mortel,
Est la strophe sacrée au pied du sombre autel ;
Le soc murmure un psaume ; et c'est un chant sublime
Qui, dès l'aurore, au fond des forêts, sur l'abîme,

Au bruit de la cognée, au choc des avirons,
Sort des durs matelots et des noirs bûcherons.

Mais, au milieu des nuits, s'éveiller ! quel mystère !
Songer, sinistre et seul, quand tout dort sur la terre !
Quand pas un œil vivant ne veille, pas un feu ;
Quand les sept chevaux d'or du grand chariot bleu
Rentrent à l'écurie et descendent au pôle,
Se sentir dans son lit soudain toucher l'épaule
Par quelqu'un d'inconnu qui dit : Allons ! c'est moi !
Travaillons !—La chair gronde et demande pourquoi.
—Je dors. Je suis très-las de la course dernière ;
Ma paupière est encor du somme prisonnière ;
Maître mystérieux, grâce ! que me veux-tu ?
Certe, il faut que tu sois un démon bien têtu
De venir m'éveiller toujours quand tout repose !
Aie un peu de raison. Il est encor nuit close ;
Regarde, j'ouvre l'œil puisque cela te plaît ;
Pas la moindre lueur aux fentes du volet ;
Va-t'en ! je dors, j'ai chaud, je rêve à ma maîtresse.
Elle faisait flotter sur moi sa longue tresse,
D'où pleuvaient sur mon front des astres et des fleurs.
Va-t'en, tu reviendras demain, au jour, ailleurs.
Je te tourne le dos, je ne veux pas ! décampe !
Ne pose pas ton doigt de braise sur ma tempe.
La biche illusion me mangeait dans le creux
De la main ; tu l'as fait enfuir. J'étais heureux,

Je ronflais comme un bœuf; laisse-moi. C'est stupide.
Ciel ! déjà ma pensée, inquiète et rapide,
Fil sans bout, se dévide et tourne à ton fuseau.
Tu m'apportes un vers, étrange et fauve oiseau
Que tu viens de saisir dans les pâles nuées.
Je n'en veux pas. Le vent, de ses tristes huées,
Emplit l'antre des cieux; les souffles, noirs dragons,
Passent en secouant ma porte sur ses gonds.
—Paix-là ! va-t'en, bourreau ! quant au vers, je le lâche.—
Je veux toute la nuit dormir comme un vieux lâche;
Voyons, ménage un peu ton pauvre compagnon.
Je suis las, je suis mort, laisse-moi dormir !

— Non !
Est-ce que je dors, moi? dit l'idée implacable.
Penseur, subis ta loi; forçat, tire ton câble.
Quoi ! cette bête a goût au vil foin du sommeil !
L'orient est pour moi toujours clair et vermeil.
Que m'importe le corps ! qu'il marche, souffre et meure !
Horrible esclave, allons, travaille ! c'est mon heure.

Et l'ange étreint Jacob, et l'âme tient le corps;
Nul moyen de lutter; et tout revient alors,
Le drame commencé dont l'ébauche frissonne,
Ruy-Blas, Marion, Job, Sylva, son cor qui sonne,
Ou le roman pleurant avec des yeux humains,
Ou l'ode qui s'enfonce en deux profonds chemins,

Dans l'azur près d'Horace et dans l'ombre avec Dante;
Il faut dans ces labeurs rentrer la tête ardente ;
Dans ces grands horizons subitement rouverts,
Il faut de strophe en strophe, il faut de vers en vers,
S'en aller devant soi, pensif, ivre de l'ombre;
Il faut, rêveur nocturne en proie à l'esprit sombre,
Gravir le dur sentier de l'inspiration;
Poursuivre la lointaine et blanche vision,
Traverser, effaré, les clairières désertes,
Le champ plein de tombeaux, les eaux, les herbes vertes,
Et franchir la forêt, le torrent, le hallier,
Noir cheval galopant sous le noir cavalier.

1843, nuit.

XXI

ÉCRIT SUR LA PLINTHE D'UN BAS-RELIEF ANTIQUE

— A MADEMOISELLE LOUISE B. —

La musique est dans tout. Un hymne sort du monde.
Rumeur de la galère aux flancs lavés par l'onde,
Bruits des villes, pitié de la sœur pour la sœur,
Passion des amants jeunes et beaux, douceur
Des vieux époux usés ensemble par la vie,
Fanfare de la plaine émaillée et ravie,
Mots échangés le soir sur les seuils fraternels,
Sombre tressaillement des chênes éternels,

Vous êtes l'harmonie et la musique même!
Vous êtes les soupirs qui font le chant suprême!
Pour notre âme, les jours, la vie et les saisons,
Les songes de nos cœurs, les plis des horizons,
L'aube et ses pleurs, le soir et ses grands incendies,
Flottent dans un réseau de vagues mélodies;
Une voix dans les champs nous parle, une autre voix
Dit à l'homme autre chose et chante dans les bois.
Par moment, un troupeau bêle, une cloche tinte.
Quand par l'ombre, la nuit, la colline est atteinte,
De toutes parts on voit danser et resplendir,
Dans le ciel étoilé du zénith au nadir,
Dans la voix des oiseaux, dans le cri des cigales,
Le groupe éblouissant des notes inégales.
Toujours avec notre âme un doux bruit s'accoupla;
La nature nous dit : Chante! et c'est pour cela
Qu'un statuaire ancien sculpta sur cette pierre
Un pâtre sur sa flûte abaissant sa paupière.

Juin 1833.

XXII

La clarté du dehors ne distrait pas mon âme.
La plaine chante et rit comme une jeune femme;
Le nid palpite dans les houx;
Partout la gaîté luit dans les bouches ouvertes;
Mai, couché dans la mousse au fond des grottes vertes,
Fait aux amoureux les yeux doux.

Dans les champs de luzerne et dans les champs de fèves,
Les vagues papillons errent pareils aux rêves;
Le blé vert sort des sillons bruns;
Et les abeilles d'or courent à la pervenche,
Au thym, au liseron, qui tend son urne blanche
A ces buveuses de parfums.

La nue étale au ciel ses pourpres et ses cuivres;
Les arbres, tout gonflés de printemps, semblent ivres;
Les branches, dans leurs doux ébats,
Se jettent les oiseaux du bout de leurs raquettes;
Le bourdon galonné fait aux roses coquettes
Des propositions tout bas.

Moi, je laisse voler les senteurs et les baumes,
Je laisse chuchoter les fleurs, ces doux fantômes,
Et l'aube dire : Vous vivrez!
Je regarde en moi-même, et, seul, oubliant l'heure,
L'œil plein des visions de l'ombre intérieure,
Je songe aux morts, ces délivrés!

Encore un peu de temps, encore, ô mer superbe,
Quelques reflux; j'aurai ma tombe aussi dans l'herbe,

Blanche au milieu du frais gazon,
A l'ombre de quelque arbre où le lierre s'attache;
On y lira : — Passant, cette pierre te cache
La ruine d'une prison.

Ingouville, mai 1843

XXIII

LE REVENANT

Mères en deuil, vos cris là-haut sont entendus.
Dieu, qui tient dans sa main tous les oiseaux perdus,
Parfois au même nid rend la même colombe.
O mères! le berceau communique à la tombe.
L'éternité contient plus d'un divin secret.

La mère dont je vais vous parler demeurait
A Blois; je l'ai connue en un temps plus prospère;
Et sa maison touchait à celle de mon père.

Elle avait tous les biens que Dieu donne ou permet.
On l'avait mariée à l'homme qu'elle aimait.
Elle eut un fils ; ce fut une ineffable joie.

Ce premier-né couchait dans un berceau de soie ;
Sa mère l'allaitait ; il faisait un doux bruit
A côté du chevet nuptial ; et, la nuit,
La mère ouvrait son âme aux chimères sans nombre,
Pauvre mère, et ses yeux resplendissaient dans l'ombre,
Quand, sans souffle, sans voix, renonçant au sommeil,
Penchée, elle écoutait dormir l'enfant vermeil.
Dès l'aube, elle chantait, ravie et toute fière.

Elle se renversait sur sa chaise en arrière,
Son fichu laissant voir son sein gonflé de lait,
Et souriait au faible enfant, et l'appelait
Ange, trésor, amour ; et mille folles choses.
Oh ! comme elle baisait ces beaux petits pieds roses !
Comme elle leur parlait ! l'enfant, charmant et nu,
Riait, et, par ses mains sous les bras soutenu,
Joyeux, de ses genoux montait jusqu'à sa bouche.

Tremblant comme le daim qu'une feuille effarouche,
Il grandit. Pour l'enfant, grandir, c'est chanceler.
Il se mit à marcher, il se mit à parler,

Il eut trois ans ; doux âge, où déjà la parole,
Comme le jeune oiseau, bat de l'aile et s'envole.
Et la mère disait : « Mon fils ! » et reprenait :
« Voyez comme il est grand ! il apprend ; il connaît
Ses lettres. C'est un diable ! Il veut que je l'habille
En homme ; il ne veut plus de ses robes de fille ;
C'est déjà très-méchant, ces petits hommes-là !
C'est égal, il lit bien ; il ira loin ; il a
De l'esprit ; je lui fais épeler l'Évangile. » —
Et ses yeux adoraient cette tête fragile,
Et, femme heureuse, et mère au regard triomphant,
Elle sentait son cœur battre dans son enfant.

Un jour, — nous avons tous de ces dates funèbres ! —
Le croup, monstre hideux, épervier des ténèbres,
Sur la blanche maison brusquement s'abattit,
Horrible, et, se ruant sur le pauvre petit,
Le saisit à la gorge ; ô noire maladie !
De l'air par qui l'on vit sinistre perfidie !
Qui n'a vu se débattre, hélas ! ces doux enfants
Qu'étreint le croup féroce en ses doigts étouffants !
Ils luttent ; l'ombre emplit lentement leurs yeux d'ange,
Et de leur bouche froide il sort un râle étrange,
Et si mystérieux, qu'il semble qu'on entend,
Dans leur poitrine, où meurt le souffle haletant,
L'affreux coq du tombeau chanter son aube obscure.
Tel qu'un fruit qui du givre a senti la piqûre,

L'enfant mourut. La mort entra comme un voleur
Et le prit. — Une mère, un père, la douleur,
Le noir cercueil, le front qui se heurte aux murailles,
Les lugubres sanglots qui sortent des entrailles,
Oh! la parole expire où commence le cri;
Silence aux mots humains!

La mère au cœur meurtri,
Pendant qu'à ses côtés pleurait le père sombre,
Resta trois mois sinistre, immobile dans l'ombre,
L'œil fixe, murmurant on ne sait quoi d'obscur,
Et regardant toujours le même angle du mur.
Elle ne mangeait pas; sa vie était sa fièvre;
Elle ne répondait à personne; sa lèvre
Tremblait; on l'entendait, avec un morne effroi,
Qui disait à voix basse à quelqu'un : — Rends-le-moi! —
Et le médecin dit au père : — Il faut distraire
Ce cœur triste, et donner à l'enfant mort un frère. —
Le temps passa; les jours, les semaines, les mois.

Elle se sentit mère une seconde fois.

Devant le berceau froid de son ange éphémère,
Se rappelant l'accent dont il disait : — Ma mère, —

Elle songeait, muette, assise sur son lit.
Le jour où, tout à coup, dans son flanc tressaillit
L'être inconnu promis à notre aube mortelle,
Elle pâlit. — Quel est cet étranger? dit-elle.
Puis elle cria, sombre et tombant à genoux :
— Non, non, je ne veux pas! non! tu serais jaloux!
O mon doux endormi, toi que la terre glace,
Tu dirais : « On m'oublie; un autre a pris ma place;
« Ma mère l'aime, et rit; elle le trouve beau,
« Elle l'embrasse, et, moi, je suis dans mon tombeau! »
Non, non! —

Ainsi pleurait cette douleur profonde.

Le jour vint; elle mit un autre enfant au monde,
Et le père joyeux cria : — C'est un garçon.
Mais le père était seul joyeux dans la maison;
La mère restait morne, et la pâle accouchée,
Sur l'ancien souvenir tout entière penchée,
Rêvait; on lui porta l'enfant sur un coussin;
Elle se laissa faire et lui donna le sein;
Et tout à coup, pendant que, farouche, accablée,
Pensant au fils nouveau moins qu'à l'âme envolée,
Hélas! et songeant moins aux langes qu'au linceul,
Elle disait : — Cet ange en son sépulcre est seul!

— O doux miracle! ô mère au bonheur revenue! —
Elle entendit, avec une voix bien connue,
Le nouveau-né parler dans l'ombre entre ses bras,
Et tout bas murmurer : — C'est moi. Ne le dis pas.

Août 1843.

XXIV

AUX ARBRES

Arbres de la forêt, vous connaissez mon âme !
Au gré des envieux la foule loue et blâme ;
Vous me connaissez, vous ! — vous m'avez vu souvent,
Seul dans vos profondeurs, regardant et rêvant.
Vous le savez, la pierre où court un scarabée,
Une humble goutte d'eau de fleur en fleur tombée,

Un nuage, un oiseau, m'occupent tout un jour.
La contemplation m'emplit le cœur d'amour.
Vous m'avez vu cent fois, dans la vallée obscure,
Avec ces mots que dit l'esprit à la nature,
Questionner tout bas vos rameaux palpitants,
Et du même regard poursuivre en même temps,
Pensif, le front baissé, l'œil dans l'herbe profonde,
L'étude d'un atome et l'étude du monde.
Attentif à vos bruits qui parlent tous un peu,
Arbres, vous m'avez vu fuir l'homme et chercher Dieu!
Feuilles qui tressaillez à la pointe des branches,
Nids dont le vent au loin sème les plumes blanches,
Clairières, vallons verts, déserts sombres et doux,
Vous savez que je suis calme et pur comme vous.
Comme au ciel vos parfums, mon culte à Dieu s'élance,
Et je suis plein d'oubli comme vous de silence!
La haine sur mon nom répand en vain son fiel;
Toujours, — je vous atteste, ô bois aimés du ciel! —
J'ai chassé loin de moi toute pensée amère,
Et mon cœur est encor tel que le fit ma mère!

Arbres de ces grands bois qui frissonnez toujours,
Je vous aime, et vous, lierre au seuil des antres sourds,
Ravins où l'on entend filtrer les sources vives,
Buissons que les oiseaux pillent, joyeux convives!
Quand je suis parmi vous, arbres de ces grands bois,
Dans tout ce qui m'entoure et me cache à la fois,

Dans votre solitude où je rentre en moi-même,
Je sens quelqu'un de grand qui m'écoute et qui m'aime!

Aussi, taillis sacrés où Dieu même apparaît,
Arbres religieux, chênes, mousses, forêt,
Forêt! c'est dans votre ombre et dans votre mystère,
C'est sous votre branchage auguste et solitaire,
Que je veux abriter mon sépulcre ignoré,
Et que je veux dormir quand je m'endormirai.

Juin 1843.

XXV

L'enfant, voyant l'aïeule à filer occupée,
Veut faire une quenouille à sa grande poupée.
L'aïeule s'assoupit un peu ; c'est le moment.
L'enfant vient par derrière et tire doucement
Un brin de la quenouille où le fuseau tournoie,
Puis s'enfuit triomphante, emportant avec joie
La belle laine d'or que le safran jaunit,
Autant qu'en pourrait prendre un oiseau pour son nid.

Cauteretz, août 1843.

XXVI

JOIES DU SOIR

Le soleil, dans les monts où sa clarté s'étale,
Ajuste à son arc d'or sa flèche horizontale ;
Les hauts taillis sont pleins de biches et de faons ;
Là rit dans les rochers, veinés comme des marbres,
Une chaumière heureuse ; en haut, un bouquet d'arbres ;
Au-dessous, un bouquet d'enfants.

C'est l'instant de songer aux choses redoutables.
On entend les buveurs danser autour des tables ;

Tandis que, gais, joyeux, heurtant les escabeaux,
Ils mêlent aux refrains leurs amours peu farouches,
Les lettres des chansons qui sortent de leurs bouches
Vont écrire autour d'eux leurs noms sur leurs tombeaux.

Mourir! demandons-nous, à toute heure, en nous-même :
— Comment passerons-nous le passage suprême? —
Finir avec grandeur est un illustre effort.
Le moment est lugubre et l'âme est accablée;
Quel pas que la sortie! — Oh! l'affreuse vallée
Que l'embuscade de la mort!

Quel frisson dans les os de l'agonisant blême!
Autour de lui tout marche et vit, tout rit, tout aime;
La fleur luit, l'oiseau chante en son palais d'été,
Tandis que le mourant en qui décroît la flamme,
Frémit sous ce grand ciel, précipice de l'âme,
Abîme effrayant d'ombre et de tranquillité!

Souvent, me rappelant le front étrange et pâle
De tous ceux que j'ai vus à cette heure fatale,
Êtres qui ne sont plus, frères, amis, parents,
Aux instants où l'esprit à rêver se hasarde,
Souvent je me suis dit : Qu'est-ce donc qu'il regarde
Cet œil effaré des mourants?

Que voit-il?... — O terreur! de ténébreuses routes,
Un chaos composé de spectres et de doutes,
La terre vision, le ver réalité,
Un jour oblique et noir qui, troublant l'âme errante,
Mêle au dernier rayon de la vie expirante
Ta première lueur, sinistre éternité!

On croit sentir dans l'ombre une horrible piqûre.
Tout ce qu'on fit s'en va comme une fête obscure,
Et tout ce qui riait devient peine ou remord.
Quel moment, même, hélas! pour l'âme la plus haute,
Quand le vrai tout à coup paraît, quand la vie ôte
Son masque, et dit : « Je suis la mort! »

Ah! si tu fais trembler même un cœur sans reproche,
Sépulcre! le méchant avec horreur t'approche.
Ton seuil profond lui semble une rougeur de feu;
Sur ton vide pour lui quand ta pierre se lève,
Il s'y penche; il y voit, ainsi que dans un rêve,
La face vague et sombre et l'œil fixe de Dieu.

Biarritz, juillet 1843.

XXVII

J'aime l'araignée et j'aime l'ortie,
Parce qu'on les hait;
Et que rien n'exauce et que tout châtie
Leur morne souhait;

Parce qu'elles sont maudites, chétives,
Noirs êtres rampants;
Parce qu'elles sont les tristes captives
De leur guet-apens;

Parce qu'elles sont prises dans leur œuvre ;
O sort! fatals nœuds!
Parce que l'ortie est une couleuvre,
L'araignée un gueux ;

Parce qu'elles ont l'ombre des abîmes,
Parce qu'on les fuit,
Parce qu'elles sont toutes deux victimes
De la sombre nuit.

Passants, faites grâce à la plante obscure,
Au pauvre animal.
Plaignez la laideur, plaignez la piqûre,
Oh! plaignez le mal!

Il n'est rien qui n'ait sa mélancolie ;
Tout veut un baiser.
Dans leur fauve horreur, pour peu qu'on oublie
De les écraser,

Pour peu qu'on leur jette un œil moins superbe,
Tout bas, loin du jour,
La vilaine bête et la mauvaise herbe
Murmurent : Amour!

Juillet 1842.

XXVIII

LE POËTE

Shakspeare songe; loin du Versaille éclatant,
Des buis taillés, des ifs peignés, où l'on entend
Gémir la tragédie éplorée et prolixe,
Il contemple la foule avec son regard fixe,
Et toute la forêt frissonne devant lui.
Pâle, il marche, au dedans de lui-même ébloui;
Il va, farouche, fauve, et, comme une crinière,
Secouant sur sa tête un haillon de lumière.
Son crâne transparent est plein d'âmes, de corps,
De rêves, dont on voit la lueur du dehors;

Le monde tout entier passe à travers son crible;
Il tient toute la vie en son poignet terrible;
Il fait sortir de l'homme un sanglot surhumain.
Dans ce génie étrange où l'on perd son chemin,
Comme dans une mer, notre esprit parfois sombre;
Nous sentons, frémissants, dans son théâtre sombre,
Passer sur nous le vent de sa bouche soufflant,
Et ses doigts nous ouvrir et nous fouiller le flanc.
Jamais il ne recule; il est géant, il dompte
Richard-Trois, léopard, Caliban, mastodonte;
L'idéal est le vin que verse ce Bacchus.
Les sujets monstrueux qu'il a pris et vaincus
Râlent autour de lui, splendides ou difformes;
Il étreint Lear, Brutus, Hamlet, êtres énormes,
Capulet, Montaigu, César, et, tour à tour,
Les stryges dans le bois, le spectre sur la tour;
Et, même après Eschyle, effarant Melpomène,
Sinistre, ayant aux mains des lambeaux d'âme humaine,
De la chair d'Othello, des restes de Macbeth,
Dans son œuvre, du drame effrayant alphabet,
Il se repose; ainsi le noir lion des jongles
S'endort dans l'antre immense avec du sang aux ongles.

Paris, avril 1835.

XXIX

LA NATURE

La terre est de granit, les ruisseaux sont de marbre;
C'est l'hiver; nous avons bien froid. Veux-tu, bon arbre,
Être dans mon foyer la bûche de Noël?
—Bois, je viens de la terre, et, feu, je monte au ciel.
Frappe, bon bûcheron. Père, aïeul, homme, femme,
Chauffez au feu vos mains, chauffez à Dieu votre âme.
Aimez, vivez. —Veux-tu, bon arbre, être timon
De charrue?—Oui, je veux creuser le noir limon,
Et tirer l'épi d'or de la terre profonde.
Quand le soc a passé, la plaine devient blonde,

La paix aux doux yeux sort du sillon entr'ouvert,
Et l'aube en pleurs sourit. — Veux-tu, bel arbre vert,
Arbre du hallier sombre où le chevreuil s'échappe,
De la maison de l'homme être le pilier? — Frappe.
Je puis porter les toits, ayant porté les nids.
Ta demeure est sacrée, homme, et je la bénis;
Là, dans l'ombre et l'amour, pensif, tu te recueilles;
Et le bruit des enfants ressemble au bruit des feuilles.
— Veux-tu, dis-moi, bon arbre, être mât de vaisseau?
— Frappe, bon charpentier. Je veux bien être oiseau.
Le navire est pour moi, dans l'immense mystère,
Ce qu'est pour vous la tombe; il m'arrache à la terre,
Et, frissonnant, m'emporte à travers l'infini.
J'irai voir ces grands cieux d'où l'hiver est banni,
Et dont plus d'un essaim me parle en son passage.
Pas plus que le tombeau n'épouvante le sage,
Le profond Océan, d'obscurité vêtu,
Ne m'épouvante point: oui, frappe. — Arbre, veux-tu
Être gibet? — Silence, homme! va-t'en, cognée!
J'appartiens à la vie, à la vie indignée!
Va-t'en, bourreau! va-t'en, juge! fuyez, démons!
Je suis l'arbre des bois, je suis l'arbre des monts;
Je porte les fruits mûrs, j'abrite les pervenches;
Laissez-moi ma racine et laissez-moi mes branches!
Arrière! hommes, tuez! ouvriers du trépas,
Soyez sanglants, mauvais, durs; mais ne venez pas,
Ne venez pas, traînant des cordes et des chaînes,
Vous chercher un complice au milieu des grands chênes!

Ne faites pas servir à vos crimes, vivants,
L'arbre mystérieux à qui parlent les vents!
Vos lois portent la nuit sur leurs ailes funèbres.
Je suis fils du soleil, soyez fils des ténèbres.
Allez-vous-en! laissez l'arbre dans ses déserts.
A vos plaisirs, aux jeux, aux festins, aux concerts,
Accouplez l'échafaud et le supplice; faites.
Soit. Vivez et tuez. Tuez, entre deux fêtes,
Le malheureux, chargé de fautes et de maux;
Moi, je ne mêle pas de spectre à mes rameaux!

Janvier 1843.

XXX

MAGNITUDO PARVI

—

I

Le jour mourait; j'étais près des mers, sur la grève.
Je tenais par la main ma fille, enfant qui rêve,
Jeune esprit qui se tait!
La terre, s'inclinant comme un vaisseau qui sombre,
En tournant dans l'espace allait plongeant dans l'ombre;
La pâle nuit montait.

La pâle nuit levait son front dans les nuées;
Les choses s'effaçaient, blêmes, diminuées,

Sans forme et sans couleur ;
Quand il monte de l'ombre, il tombe de la cendre;
On sentait à la fois la tristesse descendre
Et monter la douleur.

Ceux dont les yeux pensifs contemplent la nature
Voyaient l'urne d'en haut, vague rondeur obscure,
Se pencher dans les cieux,
Et verser sur les monts, sur les campagnes blondes,
Et sur les flots confus pleins de rumeurs profondes,
Le soir silencieux!

Les nuages rampaient le long des promontoires;
Mon âme, où se mêlaient ces ombres et ces gloires,
Sentait confusément
De tout cet océan, de toute cette terre,
Sortir sous l'œil de Dieu je ne sais quoi d'austère,
D'auguste et de charmant!

J'avais à mes côtés ma fille bien-aimée.
La nuit se répandait ainsi qu'une fumée.
Rêveur, ô Jéhovah,
Je regardais en moi, les paupières baissées,
Cette ombre qui se fait aussi dans nos pensées
Quant ton soleil s'en va!

Soudain l'enfant bénie, ange au regard de femme,
Dont je tenais la main et qui tenait mon âme,
Me parla, douce voix!
Et, me montrant l'eau sombre et la rive âpre et brune,
Et deux points lumineux qui tremblaient sur la dune:
— Père, dit-elle, vois!

Vois donc, là-bas, où l'ombre aux flancs des coteaux rampe,
Ces feux jumeaux briller comme une double lampe
Qui remuerait au vent!
Quels sont ces deux foyers qu'au loin la brume voile?
— L'un est un feu de pâtre et l'autre est une étoile;
Deux mondes, mon enfant!

II

*

Deux mondes! — l'un est dans l'espace,
Dans les ténèbres de l'azur,

Dans l'étendue où tout s'efface,
Radieux gouffre! abîme obscur!
Enfant, comme deux hirondelles,
Oh! si tous deux, âmes fidèles,
Nous pouvions fuir à tire-d'ailes,
Et plonger dans cette épaisseur
D'où la création découle,
Où flotte, vit, meurt, brille et roule
L'astre imperceptible à la foule,
Incommensurable au penseur;

Si nous pouvions franchir ces solitudes mornes;
Si nous pouvions passer les bleus septentrions,
Si nous pouvions atteindre au fond des cieux sans bornes
Jusqu'à ce qu'à la fin, éperdus, nous voyions,
Comme un navire en mer croît, monte et semble éclore,
Cette petite étoile, atome de phosphore,
Devenir par degrés un monstre de rayons;

S'il nous était donné de faire
Ce voyage démesuré,
Et de voler, de sphère en sphère,
A ce grand soleil ignoré;
Si, par un archange qui l'aime,
L'homme aveugle, frémissant, blême,
Dans les profondeurs du problème,

Vivant, pouvait être introduit;
Si nous pouvions fuir notre centre,
Et, forçant l'ombre où Dieu seul entre,
Aller voir de près dans leur antre
Ces énormités de la nuit;

Ce qui t'apparaîtrait te ferait trembler, ange!
Rien, pas de vision, pas de songe insensé,
Qui ne fût dépassé par ce spectacle étrange,
Monde informe, et d'un tel mystère composé,
Que son rayon fondrait nos chairs, cire vivante,
Et qu'il ne resterait de nous dans l'épouvante
Qu'un regard ébloui sous un front hérissé!

*

O contemplation splendide!
Oh! de pôles, d'axes, de feux,
De la matière et du fluide,
Balancement prodigieux!
D'aimant qui lutte, d'air qui vibre,
De force esclave et d'éther libre,
Vaste et magnifique équilibre!
Monde rêve! idéal réel!
Lueurs! tonnerres! jets de soufre!
Mystère qui chante et qui souffre!
Formule nouvelle du gouffre!
Mot nouveau du noir livre ciel!

Tu verrais ! — un soleil ; autour de lui des mondes,
Centres eux-même, ayant des lunes autour d'eux ;
Là, des fourmillements de sphères vagabondes ;
Là, des globes jumeaux qui tournent deux à deux ;
Au milieu, cette étoile, effrayante, agrandie ;
D'un coin de l'infini formidable incendie,
Rayonnement sublime ou flamboiement hideux !

Regardons, puisque nous y sommes !
Figure-toi ! figure-toi !
Plus rien des choses que tu nommes !
Un autre monde ! une autre loi !
La terre a fui dans l'étendue ;
Derrière nous elle est perdue !
Jour nouveau ! nuit inattendue !
D'autres groupes d'astres au ciel !
Une nature qu'on ignore,
Qui, s'ils voyaient sa fauve aurore,
Ferait accourir Pythagore
Et reculer Ézéchiel !

Ce qu'on prend pour un mont est une hydre ; ces arbres
Sont des bêtes ; ces rocs hurlent avec fureur ;
Le feu chante ; le sang coule aux veines des marbres.
Ce monde est-il le vrai ? le nôtre est-il l'erreur ?
O possibles qui sont pour nous les impossibles !

Réverbérations des chimères visibles !
Le baiser de la vie ici nous fait horreur.

Et, si nous pouvions voir les hommes,
Les ébauches, les embryons,
Qui sont là ce qu'ailleurs nous sommes,
Comme, eux et nous, nous frémirions !
Rencontre inexprimable et sombre !
Nous nous regarderions dans l'ombre
De monstre à monstre, fils du nombre
Et du temps qui s'évanouit ;
Et, si nos langages funèbres
Pouvaient échanger leurs algèbres,
Nous dirions : « Qu'êtes-vous, ténèbres ? »
Ils diraient : « D'où venez-vous, nuit ? »

*

Sont-ils aussi des cœurs, des cerveaux, des entrailles ?
Cherchent-ils comme nous le mot jamais trouvé ?
Ont-ils des Spinosa qui frappent aux murailles,
Des Lucrèce niant tout ce qu'on a rêvé,
Qui, du noir infini feuilletant les registres,
Ont écrit : Rien, au bas de ses pages sinistres ;
Et, penchés sur l'abîme, ont dit : « L'œil est crevé ! »

Tous ces êtres, comme nous-même,
S'en vont en pâles tourbillons ;
La création mêle et sème
Leur cendre à de nouveaux sillons ;
Un vient, un autre le remplace,
Et passe sans laisser de trace ;
Le souffle les crée et les chasse ;
Le gouffre en proie aux quatre vents,
Comme la mer aux vastes lames,
Mêle éternellement ses flammes
A ce sombre écroulement d'âmes,
De fantômes et de vivants !

L'abîme semble fou sous l'ouragan de l'être.
Quelle tempête autour de l'astre radieux !
Tout ne doit que surgir, flotter et disparaître,
Jusqu'à ce que la nuit ferme à son tour ses yeux ;
Car, un jour, il faudra que l'étoile aussi tombe ;
L'étoile voit neiger les âmes dans la tombe,
L'âme verra neiger les astres dans les cieux !

*

Par instant, dans le vague espace,
Regarde, enfant ! tu vas la voir !

Une brusque planète passe ;
C'est d'abord au loin un point noir ;
Plus prompte que la trombe folle,
Elle vient, court, approche, vole ;
A peine a lui son auréole,
Que déjà, remplissant le ciel,
Sa rondeur farouche commence
A cacher le gouffre en démence,
Et semble ton couvercle immense,
O puits du vertige éternel!

C'est elle ! éclair ! voilà sa livide surface
Avec tous les frissons de ses océans verts !
Elle apparaît, s'en va, décroît, pâlit, s'efface,
Et rentre, atome obscur, aux cieux d'ombre couverts,
Et tout s'évanouit, vaste aspect, bruit sublime... —
Quel est ce projectile inouï de l'abîme?
O boulets monstrueux qui sont des univers!

Dans un éloignement nocturne,
Roule avec un râle effrayant
Quelque épouvantable Saturne
Tournant son anneau flamboyant;
La braise en pleut comme d'un crible ;
Jean de Patmos, l'esprit terrible,

Vit en songe cet astre horrible
Et tomba presque évanoui;
Car, rêvant sa noire épopée,
Il crut, d'éclairs enveloppée,
Voir fuir une roue, échappée
Au sombre char d'Adonaï!

Et, par instants encor, — tout va-t-il se dissoudre? —
Parmi ces mondes, fauve, accourant à grand bruit,
Une comète aux crins de flamme, aux yeux de foudre,
Surgit, et les regarde, et, blême, approche et luit;
Puis s'évade en hurlant, pâle et surnaturelle,
Traînant sa chevelure éparse derrière elle,
Comme une Canidie affreuse qui s'enfuit.

Quelques-uns de ces globes meurent;
Dans le semoun et le mistral
Leurs mers sanglotent, leurs flots pleurent;
Leur flanc crache un brasier central.
Sphères par la neige engourdies,
Ils ont d'étranges maladies,
Pestes, déluges, incendies,
Tremblements profonds et fréquents;
Leur propre abîme les consume;
Leur haleine flambloie et fume;
On entend de loin dans leur brume
La toux lugubre des volcans.

Ils sont! ils vont! ceux-ci brillants, ceux-là difformes,
Tous portant des vivants et des créations!
Ils jettent dans l'azur des cônes d'ombre énormes,
Ténèbres qui des cieux traversent les rayons,
Où le regard, ainsi que des flambeaux farouches
L'un après l'autre éteints par d'invisibles bouches,
Voit plonger tour à tour les constellations!

Quel Zorobabel formidable,
Quel Dédale vertigineux,
Cieux! a bâti dans l'insondable
Tout ce noir chaos lumineux?
Soleils, astres aux larges queues,
Gouffres! ô millions de lieues!
Sombres architectures bleues!
Quel bras a fait, créé, produit
Ces tours d'or que nuls yeux ne comptent,
Ces firmaments qui se confrontent,
Ces Babels d'étoiles qui montent
Dans ces Babylones de nuit?

Qui, dans l'ombre vivante et l'aube sépulcrale,
Qui, dans l'horreur fatale et dans l'amour profond,
A tordu ta splendide et sinistre spirale,
Ciel, où les univers se font et se défont?
Un double précipice à la fois les réclame.
« Immensité! » dit l'être. « Éternité! » dit l'âme.
A jamais! le sans fin roule dans le sans fond.

*

L'Inconnu, celui dont maint sage
Dans la brume obscure a douté,
L'immobile et muet visage,
Le voilé de l'éternité,
A, pour montrer son ombre au crime,
Sa flamme au juste magnanime,
Jeté pêle-mêle à l'abîme
Tous ses masques, noirs ou vermeils;
Dans les éthers inaccessibles,
Ils flottent, cachés ou visibles;
Et ce sont ces masques terribles
Que nous appelons les soleils!

Et les peuples ont vu passer dans les ténèbres
Ces spectres de la nuit que nul ne pénétra;
Et flamines, santons, brahmanes, mages, guèbres,
Ont crié : Jupiter! Allah! Vishnou! Mithra!

Un jour, dans les lieux bas, sur les hauteurs suprêmes,
Tous ces masques hagards s'effaceront d'eux-mêmes;
Alors, la face immense et calme apparaîtra!

III

*

Enfant! l'autre de ces deux mondes,
C'est le cœur d'un homme! — parfois,
Comme une perle au fond des ondes,
Dieu cache une âme au fond des bois.

Dieu cache un homme sous les chênes;
Et le sacre en d'austères lieux
Avec le silence des plaines,
L'ombre des monts, l'azur des cieux!

O ma fille! avec son mystère
Le soir envahit pas à pas

L'esprit d'un prêtre involontaire,
Près de ce feu qui luit là-bas !

Cet homme, dans quelque ruine,
Avec la ronce et le lézard,
Vit sous la brume et la bruine,
Fruit tombé de l'arbre hasard !

Il est devenu presque fauve ;
Son bâton est son seul appui.
En le voyant, l'homme se sauve ;
La bête seule vient à lui.

Il est l'être crépusculaire.
On a peur de l'apercevoir ;
Pâtre tant que le jour l'éclaire,
Fantôme dès que vient le soir.

La faneuse dans la clairière
Le voit quand il fait, par moment,
Comme une ombre hors de sa bière,
Un pas hors de l'isolement.

Son vêtement dans ces décombres,
C'est un sac de cendre et de deuil,
Linceul troué par les clous sombres
De la misère, ce cercueil.

Le pommier lui jette ses pommes;
Il vit dans l'ombre enseveli;
C'est un pauvre homme loin des hommes,
C'est un habitant de l'oubli;

C'est un indigent sous la bure,
Un vieux front de la pauvreté,
Un haillon dans une masure,
Un esprit dans l'immensité!

*

Dans la nature transparente,
C'est l'œil des regards ingénus,
Un penseur à l'âme ignorante,
Un grave marcheur aux pieds nus!

Oui, c'est un cœur, une prunelle,
C'est un souffrant, c'est un songeur,

Sur qui la lueur éternelle
Fait trembler sa vague rougeur.

Il est là, l'âme aux cieux ravie,
Et près d'un branchage enflammé,
Pense, lui-même par la vie
Tison à demi consumé.

Il est calme en cette ombre épaisse ;
Il aura bien toujours un peu
D'herbe pour que son bétail paisse,
De bois pour attiser son feu.

Nos luttes, nos chocs, nos désastres,
Il les ignore ; il ne veut rien
Que, la nuit, le regard des astres,
Le jour, le regard de son chien.

Son troupeau gît sur l'herbe unie ;
Il est là, lui, pasteur, ami,
Seul éveillé, comme un génie
A côté d'un peuple endormi.

Ses brebis, d'un rien remuées,
Ouvrant l'œil près du feu qui luit,

Aperçoivent sous les nuées
Sa forme droite dans la nuit;

Et, bouc qui bêle, agneau qui danse,
Dorment dans les bois hasardeux
Sous ce grand spectre Providence
Qu'ils sentent debout auprès d'eux.

*

Le pâtre songe, solitaire,
Pauvre et nu, mangeant son pain bis;
Il ne connaît rien de la terre
Que ce que broute la brebis.

Pourtant, il sait que l'homme souffre;
Mais il sonde l'éther profond.
Toute solitude est un gouffre,
Toute solitude est un mont.

Dès qu'il est debout sur ce faîte,
Le ciel reprend cet étranger;
La Judée avait le prophète,
La Chaldée avait le berger.

Ils tâtaient le ciel l'un de l'autre ;
Et, plus tard, sous le feu divin,
Du prophète naquit l'apôtre,
Du pâtre naquit le devin.

La foule raillait leur démence ;
Et l'homme dut, aux jours passés,
A ces ignorants la science,
La sagesse à ces insensés.

La nuit voyait, témoin austère,
Se rencontrer sur les hauteurs,
Face à face dans le mystère,
Les prophètes et les pasteurs.

— Où marchez-vous, tremblants prophètes?
— Où courez-vous, pâtres troublés?
Ainsi parlaient ces sombres têtes,
Et l'ombre leur criait : Allez !

Aujourd'hui, l'on ne sait plus même
Qui monta le plus de degrés
Des Zoroastres au front blême
Ou des Abrahams effarés.

Et, quand nos yeux, qui les admirent,
Veulent mesurer leur chemin,
Et savoir quels sont ceux qui mirent
Le plus de jour dans l'œil humain,

Du noir passé perçant les voiles,
Notre esprit flotte sans repos
Entre tous ces compteurs d'étoiles
Et tous ces compteurs de troupeaux.

*

Dans nos temps, où l'aube enfin dore
Les bords du terrestre ravin,
Le rêve humain s'approche encore
Plus près de l'idéal divin.

L'homme que la brume enveloppe,
Dans le ciel que Jésus ouvrit,
Comme à travers un télescope
Regarde à travers son esprit.

L'ame humaine, après le Calvaire,
A plus d'ampleur et de rayon ;
Le grossissement de ce verre
Grandit encor la vision.

La solitude vénérable
Mène aujourd'hui l'homme sacré
Plus avant dans l'impénétrable,
Plus loin dans le démesuré.

Oui, si dans l'homme, que le nombre
Et le temps trompent tour à tour,
La foule dégorge de l'ombre,
La solitude fait le jour.

Le désert au ciel nous convie.
O seuil de l'azur! l'homme seul,
Vivant qui voit hors de la vie,
Lève d'avance son linceul.

Il parle aux voix que Dieu fit taire,
Mêlant sur son front pastoral
Aux lueurs troubles de la terre
Le serein rayon sépulcral.

Dans le désert, l'esprit qui pense
Subit par degrés sous les cieux
La dilatation immense
De l'infini mystérieux.

Il plonge au fond. Calme, il savoure
Le réel, le vrai, l'élément.
Toute la grandeur qui l'entoure
Le pénètre confusément.

Sans qu'il s'en doute, il va, se dompte,
Marche, et, grandissant en raison,
Croît comme l'herbe aux champs, et monte
Comme l'aurore à l'horizon.

Il voit, il adore, il s'effare ;
Il entend le clairon du ciel,
Et l'universelle fanfare
Dans le silence universel.

Avec ses fleurs au pur calice,
Avec sa mer pleine de deuil,
Qui donne un baiser de complice
A l'âpre bouche de l'écueil,

Avec sa plaine, vaste bible,
Son mont noir, son brouillard fuyant,
Regards du visage invisible,
Syllabes du mot flamboyant ;

Avec sa paix, avec son trouble,
Son bois voilé, son rocher nu,
Avec son écho qui redouble
Toutes les voix de l'inconnu,

La solitude éclaire, enflamme,
Attire l'homme aux grands aimants,
Et lentement compose une âme
De tous les éblouissements!

L'homme en son sein palpite et vibre,
Ouvrant son aile, ouvrant ses yeux,
Étrange oiseau d'autant plus libre
Que le mystère le tient mieux.

Il sent croître en lui, d'heure en heure,
L'humble foi, l'amour recueilli,
Et la mémoire antérieure
Qui le remplit d'un vaste oubli.

Il a des soifs inassouvies;
Dans son passé vertigineux,
Il sent revivre d'autres vies;
De son âme il compte les nœuds.

Il cherche au fond des sombres dômes
Sous quelles formes il a lui ;
Il entend ses propres fantômes
Qui lui parlent derrière lui.

Il sent que l'humaine aventure
N'est rien qu'une apparition;
Il se dit : — Chaque créature
Est toute la création.

Il se dit : — Mourir, c'est connaître;
Nous cherchons l'issue à tâtons.
J'étais, je suis, et je dois être.
L'ombre est une échelle. Montons. —

Il se dit : — Le vrai, c'est le centre.
Le reste est apparence ou bruit.
Cherchons le lion, et non l'antre;
Allons où l'œil fixe reluit. —

Il sent plus que l'homme en lui naître;
Il sent, jusque dans ses sommeils,
Lueur à lueur, dans son être,
L'infiltration des soleils.

Ils cessent d'être son problème;
Un astre est un voile. Il veut mieux;
Il reçoit de leur rayon même
Le regard qui va plus loin qu'eux.

*

Pendant que, nous, hommes des villes,
Nous croyons prendre un vaste essor
Lorsqu'entre en nos prunelles viles
Le spectre d'une étoile d'or;

Que, savants dont la vue est basse,
Nous nous ruons et nous brûlons
Dans le premier astre qui passe,
Comme aux lampes les papillons,

Et qu'oubliant le nécessaire,
Nous contentant de l'incomplet,
Croyant éclairés, ô misère!
Ceux qu'éclaire le feu follet,

Prenant pour l'être et pour l'essence
Les fantômes du ciel profond,

Voulant nous faire une science
Avec des formes qui s'en vont,

Ne comprenant, pour nous distraire
De la terre, où l'homme est damné,
Qu'un autre monde, sombre frère
De notre globe infortuné,

Comme l'oiseau né dans la cage,
Qui, s'il fuit, n'a qu'un vol étroit,
Ne sait pas trouver le bocage,
Et va d'un toit à l'autre toit;

Chercheurs que le néant captive,
Qui, dans l'ombre, avons en passant,
La curiosité chétive
Du ciron pour le ver luisant,

Poussière admirant la poussière,
Nous poursuivons obstinément,
Grains de cendre, un grain de lumière
En fuite dans le firmament!

Pendant que notre âme humble et lasse
S'arrête au seuil du ciel béni,

Et va becqueter dans l'espace
Une miette de l'infini,

Lui, ce berger, ce passant frêle,
Ce pauvre gardeur de bétail
Que la cathédrale éternelle
Abrite sous son noir portail,

Cet homme qui ne sait pas lire,
Cet hôte des arbres mouvants,
Qui ne connaît pas d'autre lyre
Que les grands bois et les grands vents,

Lui, dont l'âme semble étouffée,
Il s'envole, et, touchant le but,
Boit avec la coupe d'Orphée
A la source où Moïse but!

Lui, ce pâtre, en sa Thébaïde,
Cet ignorant, cet indigent,
Sans docteur, sans maître, sans guide,
Fouillant, scrutant, interrogeant

De sa roche où la paix séjourne,
Les cieux noirs, les bleus horizons,

Double ornière où sans cesse tourne
La roue énorme des saisons ;

Seul, quand mai vide sa corbeille,
Quand octobre emplit son panier ;
Seul, quand l'hiver à notre oreille
Vient siffler, gronder, et nier ;

Quand sur notre terre, où se joue
Le blanc flocon flottant sans bruit,
La mort, spectre vierge, secoue,
Ses ailes pâles dans la nuit ;

Quand, nous glaçant jusqu'aux vertèbres,
Nous jetant la neige en rêvant,
Ce sombre cygne des ténèbres
Laisse tomber sa plume au vent ;

Quand la mer tourmente la barque ;
Quand la plaine est là, ressemblant
A la morte dont un drap marque
L'obscur profil sinistre et blanc ;

Seul sur cet âpre monticule,
A l'heure où, sous le ciel dormant,

Les Méduses du crépuscule
Montrent leur face vaguement ;

Seul la nuit, quand dorment ses chèvres,
Quand la terre et l'immensité
Se referment comme deux lèvres
Après que le psaume est chanté ;

Seul, quand renaît le jour sonore,
A l'heure où sur le mont lointain
Flamboie et frissonne l'aurore,
Crête rouge du coq matin ;

Seul, toujours seul, l'été, l'automne ;
Front sans remords et sans effroi
A qui le nuage qui tonne
Dit tout bas : Ce n'est pas pour toi !

Oubliant dans ces grandes choses
Les trous de ses pauvres habits,
Comparant la douceur des roses
A la douceur de la brebis,

Sondant l'être, la loi fatale ;
L'amour, la mort, la fleur, le fruit ;

Voyant l'auréole idéale
Sortir de toute cette nuit,

Il sent, faisant passer le monde
Par sa pensée à chaque instant,
Dans cette obscurité profonde
Son œil devenir éclatant ;

Et, dépassant la créature,
Montant toujours, toujours accru,
Il regarde tant la nature,
Que la nature a disparu !

Car, des effets allant aux causes,
L'œil perce et franchit le miroir,
Enfant ; et contempler les choses,
C'est finir par ne plus les voir.

La matière tombe détruite
Devant l'esprit aux yeux de lynx ;
Voir, c'est rejeter ; la poursuite
De l'énigme est l'oubli du sphynx.

Il ne voit plus le ver qui rampe,
La feuille morte émue au vent,

Le pré, la source où l'oiseau trempe
Son petit pied rose en buvant ;

Ni l'araignée, hydre étoilée,
Au centre du mal se tenant,
Ni l'abeille, lumière ailée,
Ni la fleur, parfum rayonnant ;

Ni l'arbre où sur l'écorce dure
L'amant grave un chiffre d'un jour,
Que les ans font croître à mesure
Qu'ils font décroître son amour.

Il ne voit plus la vigne mûre,
La ville, large toit fumant,
Ni la campagne, ce murmure,
Ni la mer, ce rugissement ;

Ni l'aube dorant les prairies,
Ni le couchant aux longs rayons,
Ni tous ces tas de pierreries
Qu'on nomme constellations,

Que l'éther de son ombre couvre,
Et qu'entrevoit notre œil terni

Quand la nuit curieuse entr'ouvre
Le sombre écrin de l'infini ;

Il ne voit plus Saturne pâle,
Mars écarlate, Arcturus bleu,
Sirius, couronne d'opale,
Aldebaran, turban de feu ;

Ni les mondes, esquifs sans voiles,
Ni, dans le grand ciel sans milieu,
Toute cette cendre d'étoiles ;
Il voit l'astre unique ; il voit Dieu !

*

Il le regarde, il le contemple ;
Vision que rien n'interrompt !
Il devient tombe, il devient temple ;
Le mystère flambe à son front.

Œil serein dans l'ombre ondoyante,
Il a conquis, il a compris,
Il aime ; il est l'âme voyante
Parmi nos ténébreux esprits.

Il marche, heureux et plein d'aurore,
De plain-pied avec l'élément;
Il croit, il accepte. Il ignore
Le doute, notre escarpement;

Le doute, qu'entourent les vides,
Bord que nul ne peut enjamber,
Où nous nous arrêtons stupides,
Disant : Avancer, c'est tomber!

Le doute, roche où nos pensées
Errent loin du pré qui fleurit,
Où vont et viennent, dispersées,
Toutes ces chèvres de l'esprit!

Quand Hobbes dit : « Quelle est la base? »
Quand Locke dit : « Quelle est la loi? »
Que font à sa splendide extase
Ces dialogues de l'effroi?

Qu'importe à cet anachorète
De la caverne Vérité,
L'homme qui dans l'homme s'arrête,
La nuit qui croit à sa clarté?

Que lui fait la philosophie,
Calcul, algèbre, orgueil puni,
Que sur les cimes pétrifie
L'effarement de l'infini!

Lueurs que couvre la fumée!
Sciences disant : Que sait-on?
Qui, de l'aveugle Ptolémée,
Montent au myope Newton!

Que lui font les choses bornées,
Grands, petits, couronnes, carcans?
L'ombre qui sort des cheminées
Vaut l'ombre qui sort des volcans.

Que lui font la larve et la cendre,
Et, dans les tourbillons mouvants,
Toutes les formes que peut prendre
L'obscur nuage des vivants?

Que lui fait l'assurance triste
Des créatures dans leurs nuits?
La terre s'écriant : J'existe!
Le soleil répliquant : Je suis!

Quand le spectre, dans le mystère,
S'affirme à l'apparition,
Qu'importe à cet œil solitaire
Qui s'éblouit du seul rayon ?

Que lui fait l'astre, autel et prêtre
De sa propre religion,
Qui dit : Rien hors de moi ! — quand l'être
Se nomme Gouffre et Légion !

Que lui font, sur son sacré faîte,
Les démentis audacieux
Que donne aux soleils la comète,
Cette hérésiarque des cieux ?

Que lui fait le temps, cette brume?
L'espace, cette illusion?
Que lui fait l'éternelle écume
De l'océan Création?

Il boit, hors de l'inabordable,
Du surhumain, du sidéral,
Les délices du formidable,
L'âpre ivresse de l'idéal ;

Son être, dont rien ne surnage,
S'engloutit dans le gouffre bleu ;
Il fait ce sublime naufrage ;
Et, murmurant sans cesse : — Dieu, —

Parmi les feuillages farouches,
Il songe, l'âme et l'œil là-haut,
A l'imbécillité des bouches
Qui prononcent un autre mot !

*

Il le voit, ce soleil unique,
Fécondant, travaillant, créant,
Par le rayon qu'il communique
Égalant l'atome au géant,

Semant de feux, de souffles, d'ondes,
Les tourbillons d'obscurité,
Emplissant d'étincelles mondes
L'épouvantable immensité,

Remuant, dans l'ombre et les brumes,
De sombres forces dans les cieux

Qui font comme des bruits d'enclumes
Sous des marteaux mystérieux,

Doux pour le nid du rouge-gorge,
Terrible aux satans qu'il détruit;
Et, comme aux lueurs d'une forge,
Un mur s'éclaire dans la nuit,

On distingue en l'ombre où nous sommes,
On reconnaît dans ce bas lieu,
A sa clarté parmi les hommes,
L'âme qui réverbère Dieu!

Et ce pâtre devient auguste;
Jusqu'à l'auréole monté,
Étant le sage, il est le juste;
O ma fille, cette clarté

Sœur du grand flambeau des génies,
Faite de tous les rayons purs
Et de toutes les harmonies
Qui flottent dans tous les azurs,

Plus belle dans une chaumière,
Éclairant hier par demain,

Cette éblouissante lumière,
Cette blancheur du cœur humain

S'appelle en ce monde, où l'honnête
Et le vrai des vents est battu,
Innocence avant la tempête,
Après la tempête vertu !

*

Voilà donc ce que fait la solitude à l'homme ;
Elle lui montre Dieu, le dévoile et le nomme ;
Sacre l'obscurité,
Pénètre de splendeur le pâtre qui s'y plonge,
Et, dans les profondeurs de son immense songe,
T'allume, ô vérité !

Elle emplit l'ignorant de la science énorme ;
Ce que le cèdre voit, ce que devine l'orme,
Ce que le chêne sent,
Dieu, l'être, l'infini, l'éternité, l'abîme,
Dans l'ombre elle le mêle à la candeur sublime
D'un pâtre frémissant.

L'homme n'est qu'une lampe, elle en fait une étoile.
Et ce pâtre devient, sous son haillon de toile,
Un mage ; et, par moments,
Aux fleurs, parfums du temple, aux arbres, noirs pilastres,
Apparaît couronné d'une tiare d'astres,
Vêtu de flamboiements !

Il ne se doute pas de cette grandeur sombre :
Assis près de son feu que la broussaille encombre,
Devant l'être béant,
Humble, il pense ; et, chétif, sans orgueil, sans envie,
Il se courbe, et sent mieux, près du gouffre de vie,
Son gouffre de néant.

Quand il sort de son rêve, il revoit la nature.
Il parle à la nuée, errant à l'aventure,
Dans l'azur émigrant ;
Il dit : « Que ton encens est chaste, ô clématite ! »
Il dit au doux oiseau : « Que ton aile est petite,
Mais que ton vol est grand ! »

Le soir, quand il voit l'homme aller vers les villages,
Glaneuses, bûcherons qui traînent des feuillages,
Et les pauvres chevaux
Que le laboureur bat et fouette avec colère,
Sans songer que le vent va le rendre à son frère
Le marin sur les flots ;

Quand il voit les forçats passer, portant leur charge,
Les soldats, les pêcheurs pris par la nuit au large,
Et hâtant leur retour,
Il leur envoie à tous, du haut du mont nocturne,
La bénédiction qu'il a puisée à l'urne
De l'insondable amour !

Et, tandis qu'il est là, vivant sur sa colline,
Content, se prosternant dans tout ce qui s'incline,
Doux rêveur bienfaisant,
Emplissant le vallon, le champ, le toit de mousse,
Et l'herbe et le rocher de la majesté douce
De son cœur innocent,

S'il passe par hasard, près de sa paix féconde,
Un de ces grands esprits en butte aux flots du monde
Révolté devant eux,
Qui craignent à la fois, sur ces vagues funèbres,
La terre de granit et le ciel de ténèbres,
L'homme ingrat, Dieu douteux ;

Peut-être, à son insu, que ce pasteur paisible,
Et dont l'obscurité rend la lueur visible,
Homme heureux sans effort,
Entrevu par cette âme en proie au choc de l'onde,
Va lui jeter soudain quelque clarté profonde
Qui lui montre le port !

Ainsi ce feu peut-être, aux flancs du rocher sombre,
Là-bas est aperçu par quelque nef qui sombre
Entre le ciel et l'eau;
Humble, il la guide au loin de son reflet rougeâtre,
Et du même rayon dont il réchauffe un pâtre,
Il sauve un grand vaisseau!

IV

Et je repris, montrant à l'enfant adorée
L'obscur feu du pasteur et l'étoile sacrée :

De ces deux feux, perçant le soir qui s'assombrit,
L'un révèle un soleil, l'autre annonce un esprit,
C'est l'infini que notre œil sonde;
Mesurons tout à Dieu, qui seul crée et conçoit!
C'est l'astre qui le prouve et l'esprit qui le voit;
Une âme est plus grande qu'un monde.

Enfant, ce feu de pâtre à une âme mêlé,
Et cet astre, splendeur du plafond constellé
Que l'éclair et la foudre gardent,
Ces deux phares du gouffre où l'être flotte et fuit,
Ces deux clartés du deuil, ces deux yeux de la nuit,
Dans l'immensité se regardent.

Ils se connaissent ; l'astre envoie au feu des bois
Toute l'énormité de l'abîme à la fois,
Les baisers de l'azur superbe,
Et l'éblouissement des visions d'Endor ;
Et le doux feu de pâtre envoie à l'astre d'or
Le frémissement du brin d'herbe.

Le feu de pâtre dit : — La mère pleure, hélas !
L'enfant a froid, le père a faim, l'aïeul est las ;
Tout est noir ; la montée est rude ;
Le pas tremble, éclairé par un tremblant flambeau ;
L'homme au berceau chancelle et trébuche au tombeau. —
L'étoile répond : Certitude !

De chacun d'eux s'envole un rayon fraternel,
L'un plein d'humanité, l'autre rempli de ciel ;

Dieu les prend, et joint leur lumière,
Et sa main, sous qui l'âme, aigle de flamme, éclôt,
Fait du rayon d'en bas et du rayon d'en haut
Les deux ailes de la prière.

Ingouville, août 1839.

FIN DU TOME PREMIER

TABLE

TABLE

DU TOME PREMIER

1830 — 1843

Pages.

PRÉFACE I

Un jour, je vis debout au bord des flots mouvants. . 1

LIVRE PREMIER

AURORE

I A MA FILLE 9

II Le poëte s'en va dans les champs. 13

III MES DEUX FILLES 15

IV Le firmament est plein de la vaste clarté. 17

Pages.

V A André Chénier 21

VI La vie aux champs 23

VII Réponse a un acte d'accusation 29

VIII Suite 39

IX Le poëme éploré se lamente 45

X A madame D. G. de G. 49

XI Lise 51

XII Vere novo 55

XIII A propos d'Horace 57

XIV A Granville, en 1836 67

XV La coccinelle 73

XVI Vers 1820 75

XVII A M. Froment Meurice 77

XVIII Les oiseaux 81

XIX Vieille chanson du jeune temps 85

XX A un poete aveugle 89

XXI Elle était déchaussée, elle était décoiffée 91

XXII La fête chez Thérèse 93

XXIII L'enfance 99

XXIV Heureux l'homme occupé de l'éternel destin 101

XXV Unité 103

XXVI Quelques mots a un autre 105

XXVII Oui, je suis le rêveur 113

XXVIII Il faut que le poëte, épris d'ombre et d'azur 117

XXIX Halte en marchant 119

LIVRE DEUXIÈME

L'AME EN FLEUR

Pages

I Premier mai. 125

II Mes vers fuiraient, doux et frêles. 127

III Le rouet d'Omphale. 129

IV Chanson. 131

V Hier au soir. 133

VI Lettre. 135

VII Nous allions au verger cueillir des bigarreaux. . . . 139

VIII Tu peux, comme il te plaît, me faire jeune ou vieux. 141

IX En écoutant les oiseaux. 143

X Mon bras pressait ta taille. 145

XI Les femmes sont sur la terre. 147

XII Églogue. 149

XIII Viens! 151

XIV Billet du matin. 153

XV Paroles dans l'ombre. 155

XVI L'hirondelle au printemps cherche les vieilles tours. 157

XVII Sous les arbres. 159

XVIII Je sais bien qu'il est d'usage. 161

XIX N'envions rien. 165

XX Il fait froid. 169

XXI Il lui disait. 173

Pages.

XXII Aimons toujours! 175

XXIII Après l'hiver. 179

XXIV Que le sort, quel qu'il soit. 183

XXV Je respire où tu palpites. 185

XXVI Crépuscule. 189

XXVII La nichée sous le portail. 191

XXVIII Un soir que je regardais le ciel. 195

LIVRE TROISIÈME

LES LUTTES ET LES RÊVES

I Écrit sur un exemplaire de la Divina Commedia. 201

II Melancholia. 203

III Saturne. 217

IV Écrit au bas d'un crucifix. 225

V Quia pulvis es. 227

VI La source. 229

VII La statue. 231

VIII Je lisais. 235

IX Jeune fille, la grâce emplit tes dix-sept ans. . . . 239

X Amour. 241

XI ?. 245

XII Explication. 247

Pages.

XIII La chouette. 251

XIV A la mère de l'enfant mort. 257

XV Épitaphe. 261

XVI Le maitre d'études. 263

XVII Chose vue un jour de printemps. 269

XVIII Intérieur. 273

XIX Baraques de la foire. 275

XX Insomnie. 277

XXI Écrit sur la plinthe d'un bas-relief antique. 281

XXII La clarté du dehors ne distrait pas mon âme. . . . 283

XXIII Le revenant. 287

XXIV Aux arbres. 293

XXV L'enfant voyant l'aïeule à filer occupée. 297

XXVI Joies du soir. 299

XXVII J'aime l'araignée. 303

XXVIII Le poete. 305

XXIX La nature. 307

XXX Magnitudo parvi. 311

FIN DE LA TABLE.

PARIS. IMPRIMERIE DE J. CLAYE, RUE SAINT-BENOIT, 7.

www.ingramcontent.com/pod-product-compliance
Lightning Source LLC
LaVergne TN
LVHW010536100826
845148LV00001B/203

* 9 7 8 2 0 1 2 5 7 4 6 2 5 *